# AI
# CHIP
# WAR

# AI 반도체 전쟁

**일러두기**

이 책은 《AI 반도체 전쟁》(2024)의 개정증보판으로, 최신 자료와 변화된 환경을 반영해 일부 내용을 보완, 추가했다. 초판이 AI 반도체 전쟁의 초기를 다뤘다면, 개정증보판은 AI 반도체 전쟁이 확산되면서 일어나는 변화상을 대폭 추가했다. 이를 통해, 격화되고 있는 AI 반도체 컴퓨팅 경쟁과 이를 둘러싼 각국의 전략, 그리고 우리나라가 나아갈 방향을 전망할 수 있을 것이다.

**AI CHIP WAR**

격화되고 있는 AI 컴퓨팅 파워 경쟁

# AI 반도체 전쟁

| 개정증보판 |

**김용석** 가천대학교 석좌교수 · 반도체교육원장

시크릿하우스

# AI 문명을 꽃피운
# 반도체의 힘

**이길여** 가천대학교 총장

AI 문명은 막 꽃망울을 터뜨리는 '봄'에 들어섰습니다. 인공지능(AI) 혁명은 역사의 변곡점입니다. 전혀 다른 세상이 와버린 겁니다. 챗GPT만 하더라도 10년 전에는 그저 상상 속의 것이었습니다. 현재 챗GPT는 의사 시험과 변호사 시험에도 합격하는 수준이 됐습니다. AI는 먹지도 자지도 않는 기계적인 데이터 축적과 누적적인 개선으로 신약 개발에도 나서고 있습니다. 어언 인간만의 우월한 특이점(singularity)을 넘보고 있고, 끝내는 인간을 추월할 거라는 무서운 예측도 나오고 있습니다.

우리는 이러한 AI를 모르고 21세기를 살아갈 수 없습니다. 대학이나 사회에서, 각자의 전공이나 직업 분야는 다를 수 있지만, 그 특정 분야에서도 AI를 활용하는 자와 모르는 자의 격차는 엄청나게 벌어집니다. 승패가 갈리는 겁니다.

AI는 반도체 칩으로 이루어집니다. 2016년 알파고, 2022년 챗GPT가 AI 시대를 열 수 있었던 것은 모두 반도체의 힘이었습니다. 반도체 없이 AI는 없었을 것입니다. 그래서 저는 2024년 3월 반도체 단과대학을 학년 전체 1,600명에 달하는 규모로 세계 최초로 세웠고, 4년간 40명의 반도체 분야 우수 교원을 추가로 초빙해 반도체 대학 교원을 100여 명으로 늘리려 합니다. 그리고 그해 5월에 반도체교육원을 설립하고 초대 원장으로 김용석 교수님을 모셨습니다. 이 교육원의 큰 특징은 초·중등 영재들 대상으로 반도체 교육을 한다는 것입니다. 이 역시 처음 있는 일입니다. 2025년에는 초등학생들과 함께 SK하이닉스를 방문해 반도체 팹을 보여주고 연구원들과 대화의 시간을 가졌다고 해서 무척 기뻤습니다. 우리 새싹들이 깊은 인상을 받았을 것이고 반도체 과학자나 엔지니어의 꿈을 꾸었으리라고 생각해 보았습니다.

김 교수님은 2026년 9월 개원 목표로 AI 반도체 설계 인재를 집중적으로 육성하는 반도체 설계 전문 대학원(일명, 반전원)의 초대 원장으로 또 한 번 반도체 혁신적 교육모델을 만들어 낼 것으로 믿어 의심치 않습니다.

삼성전자, 대학에서 40년 넘게 엔지니어, 연구 임원, 교수로 지낸

이론과 실무를 모두 겸비한 반도체 분야의 전문가인 김용석 교수님은 분명히 이공계 출신 교수이시지만, 신문이나 잡지에 기고한 글을 읽어 보면 이해가 쉽습니다. 글을 참 어렵지 않게 잘 쓰십니다. 제가 반도체 관련 동향이나 기술을 이해하는 데 많은 도움이 되었습니다.

이번《AI 반도체 전쟁》개정증보판은 가천대에 오신 후 그동안 쓰셨던 신문이나 잡지의 기고문들을 추가하고, 기존의 글 중에서 일부를 새로운 내용으로 바꾸어 놓았습니다. 반도체의 발전 속도가 무척 빠르니 너무나 잘된 일입니다.

이 책은 기업인에게는 AI 반도체 전쟁의 한가운데서 생존전략서, 정책 전문가에게는 산업에 AI를 접목하고 발전하는 로드맵, 학생들에게는 AI와 반도체를 이해하고 어떤 방향으로 노력해야 하는지를 알려주는 길잡이 역할을 할 것입니다. 일독을 권합니다.

# 대변환의 AI 시대,
# 우리는 무엇을 해야 하는가

**허염** ㈜실리콘마이터스 회장
국민경제자문회의 자문위원, 한국팹리스산업협회 명예회장

1979년 미국 DARPA(국방고등연구계획국)가 대규모 VLSI 프로젝트를 스탠퍼드대학교, MIT(매사추세츠공과대학교), Caltech(캘리포니아공과대학교), CMU(카네기멜런대학교), UC버클리(캘리포니아대학교 버클리) 5개 연구 대학을 중심으로 막 시작했을 때인 그해 가을, 나는 운이 좋게도 스탠퍼드로 유학 가서 박사과정을 시작하게 되었다. 이때 〈Introduction to VLSI〉 과목이 개설되어 첫 강의에 출석했을 때의 장면이 아직도 기억에 생생하다. 커다란 계단식 강의실이 반도체 분야 대학원생들뿐만 아니라 신호처리, 통신, 제어, 우주공학, 컴퓨터 사이언스 및 시스템 등 다른 분야의 유명 교수 및 연구원들로 꽉 차 있었다. 당시 하드웨어로 구현하기 힘들어서 장롱에 갇혀 있던 알고리즘이나 혁신적인 아키텍처들을 한 개의 작은 반도체 칩에 시스템으로 구현할 수 있을 가능성에 대한 기대가 가득했던 활기찬 분위기를 아직도 기억하고 있다.

지나간 시간을 되돌아보면 이 프로젝트가 오늘날 우리가 향유하는 PC, 워크스테이션(Workstation), 인터넷, 5G 무선통신, 스마트폰, 디지털TV 등으로 이어지는 기술과 산업혁신의 시발점이라 볼 수 있다. 당시 스탠퍼드의 짐 클락(Jim Clark) 교수가 연구실에서 대학원생들과 개발한 3D 데이터를 2D 이미지로 변환할 때 필요한 매트릭스 계산 전용 Geometry Engine VLSI 칩은 고성능 3D 그래픽 기능을 워크스테이션에서 가능하게 함으로써 오늘날의 3D 그래픽뿐만 아니라 AI 학습 GPU로 발전하게 되었다. 1980년대 실리콘밸리에서는 이 DARPA VLSI 프로젝트의 수행 과정에서 개발된 기술들을 기반으로 워크스테이션, 로컬 넷(Local Net), 3D 그래픽, 전자설계자동화(EDA) 소프트웨어 등 수많은 벤처회사들이 창업되었으며, 이후 구글과 오픈AI 등 인터넷 혁명과 AI 혁명으로 이어지면서 전 세계 IT 산업의 판도를 지속적으로 바꾸게 되었다.

1980년대 초, AI는 수학의 범주에 머무르고 있었으며 전문가 시스템(Expert System)과 같은 개념도 수학적 접근법으로 실용적 응용은 한계에 봉착하고 있었다. 지난 40년간의 VLSI 시스템과 메모리를 포함한 반도체 산업과 기술의 획기적인 발전으로 막강한 병렬연산처리가 가능해지면서 비로소 AI가 오늘날의 멀티모달 생성형

AI(GAI)로 발전하게 있게 된 점을 감안하면 반도체 기술과 산업의 발전 없이는 향후 AI 발전도 한계에 다다를 것이다.

18세기 후반에 시작된 머슬 파워 중심의 산업혁명에 이어 20세기 후반에 시작된 브레인 파워 중심의 정보 혁명은 이제 AI 혁명의 대전환 시대로 넘어가고 있다. 우리나라는 지난 40년 동안 우리의 기술과 산업이 대부분 쫓아가는 입장에 있었기 때문에 앞서가는 많은 기회들을 잡지 못하고 그저 볼 수밖에 없었다. 하지만 이제 시작되는 AI 대전환의 시대에는 우리도 새로운 기술 개발과 함께 사업의 기회를 만들어야 할 것이다.

이러한 면에서 《AI 반도체 전쟁》은 저자의 시스템 분야와 반도체 분야, 그리고 산업계와 학계를 모두 아우르며 오랜 기간 축적한 경험과 통찰력이 녹아 들어간 정말 시의적절한 책이다. 우리의 기술과 산업 환경을 고려할 때, 이 대변환의 AI 시대에 우리가 무엇을 해야 할 것인가를 잘 알려주고 있다. 특히 우리가 상대적으로 취약한 시스템반도체 분야에서 무엇을 해야 할 것인지 이 책을 읽으면서 같이 고민하고 실행해야 하겠다.

반도체는 AI 산업의 핵심 요소로써 그 역할이 더욱 중요하며 산업도 지속 성장 발전할 것이다. 특히 이 책을 대학생, 대학원생, 고등학생, 그리고 일반인들에게도 일독을 권한다. 우리 모두가 반도체를 더 잘 이해하고 관심을 가지는 것이 우리 산업에 많은 도움이 된다. 특히 새로운 우리 반도체 산업의 지속적인 발전을 위하여서는 더 많은 인력이 절대적으로 필요한 상황이다. 좋은 책을 집필해 주신 저자에 감사드린다.

# 반도체 산업은 대한민국이
# 진정한 선진국으로 가는 키 팩터

**이금룡** 도전과나눔 이사장, 코글로닷컴 회장

저자와의 인연은 2024년 4월 24일, 내가 이사장으로 있는 사단법인 도전과나눔 63회 기업가정신 포럼에 저자가 연사로 출연하면서 시작되었다. 반도체와 AI가 연일 화제의 중심이었지만, 이 두 산업을 통합하여 통찰력 있는 강연을 진행한 것은 대한민국에서 김용석 교수가 처음인 것으로 알고 있다.

삼성그룹 이병철 회장님이 1983년 2월 8일 반도체 시장 진출을 선언할 때 나는 삼성물산에서 세계 정보를 분석하는 삼성물산 조사과장으로 재직하였다. 해외에서 들려오는 반응은 한결같이 부정적이었다. 특히 일본 미쓰비시연구소는 조목조목 이유를 들면서 결국 삼성의 시도는 실패로 끝날 것으로 분석하였다. 이때 이병철 회장님께서 심경을 말씀하신 내용이 있다.

"생각하면 생각할수록 난제는 산적해 있다. 그러나 누군가가 만 난(萬難)을 무릅쓰고 반드시 성취해야 하는 프로젝트이다. 내 나이 칠 십삼 세. 비록 인생의 만기이지만 이 나라 백년대계를 위해서 어렵 더라도 전력투구를 해야 할 때가 왔다."

삼성은 온갖 난관을 뚫고 메모리반도체 1위의 지위를 확고하게 지키고 있다. 그러나 AI의 출현으로 반도체 시장에 지각변동이 일 어나고, 더구나 미·중 기술 패권까지 겹쳐서 한 치 앞을 내다볼 수 없는 상황이다.

이 책은 2016년 다보스 포럼에서 언급된 4차 산업혁명, 즉 초연 결, 초지능화가 이제 생성형 AI의 출현으로 발전 속도가 더욱 가속 화되고 있음을 설명하고 있다. 또한 스마트팩토리, 스마트시티, 자 율주행차, 로봇, 헬스케어 등의 사례를 들어서 AI가 만들어 내는 신 산업을 제시하고 있다.

앞으로 생성형 AI 중심의 다양한 발전은 필연적으로 반도체의 고 도화와 시스템반도체의 발전을 가져오고, 반도체 산업의 선제적 대 응은 대한민국이 국민소득 5만 달러 달성의 진정한 선진국으로 가 는 키 팩터(key factor)가 될 것이다. 경제계뿐만 아니라 사회 지도층 인사들은 모두 이 책에서 대한민국의 발전 방향을 찾아야 할 것이 다. 일독을 권한다.

# 격변하는 AI 반도체 산업의
# 기회와 미래를 예측하다

**백준호** 퓨리오사AI 대표

나는 미국 대학 전기공학과에서 아키텍처 분야를 전공했다. 졸업 후 AMD에 근무하며 CPU 및 GPU 개발팀에서 당시 가장 높은 복잡도와 개발 난이도를 가진 고성능 칩 설계 및 소프트웨어 개발을 경험했고, 이후 한국에 돌아와서는 삼성전자에서 새로운 스토리지 솔루션을 기획하고 설계하는 경험을 쌓았다.

8년 전 나는 저자를 만났다. 인연의 시작은 데이터센터향 AI 반도체 개발을 목표로 스타트업을 만들겠다고 생각했던 시기였다. 저자에게 나의 계획을 상세히 설명했고, 당시 많은 조언과 큰 용기를 얻었다. 그 이후에도 회사가 성장하고 발전해 나가는 과정에서도 내가 창업자로 설립한 퓨리오사AI를 방문해 세미나를 여러 번 해주시고, 나를 대학에 여러 번 초청해서 회사를 알릴 수 있는 기회를 주셨다.

퓨리오사AI는 AI가 격발한 거대한 반도체 산업의 지형 변화 시기에 새로운 기회를 보고, 아키텍처와 SW 경쟁력을 중심으로 시스템반도체 설계에 도전하는 새로운 시도를 하고 있다. 시스템반도체 설계는 여전히 북미 기업들이 주도하는 분야이다. 현재도 엔비디아, AMD, 인텔과 같은 대부분의 팹리스 기업들은 모두 북미 기업들이다. 이는 축적된 설계 경험을 가진 인적 자원을 충분히 갖추어야 하며, 빠르게 변화하는 애플리케이션 환경에 적응할 수 있는 비즈니스 모델을 구축해야 하는 시스템반도체의 특성 때문이다. 반면 국내 반도체 산업은 그간 시스템반도체 분야의 많은 기술 발전이 있어 왔지만, 무게 중심이 메모리 산업 중심으로 구축되어 있다. 아직까지 시스템반도체는 우리가 도전적으로 개척해 나가야 할 매우 중요한 분야다.

이 책은 반도체의 이해와 중요성을 시작으로 하여, AI 반도체와 AI 반도체가 만들어 내는 응용 서비스까지 모두 다루고 있다. 시스템반도체 개발의 과거와 미래를 예리하고 통찰력 있게 설명하며, 특히 인류 문명의 변곡점이 될 수 있는 AI 기술의 발전으로 인해 격변하는 AI 반도체 산업의 기회와 미래를 예측한다.

이 책을 통해 많은 분들이 AI의 중요성을 알고 AI 반도체를 더 많이 이해하여 우리 미래에 관해 공감대를 형성하는 기회가 되었으면 좋겠다. 또한 많은 우수한 인재와 새로운 미래를 주도할 AI 관련 팹리스 기업들이 더 많이 생겨나길 기원한다.

# AI 시대를 연 반도체,
# 지금 세계는 AI 반도체 전쟁 중

2024년에 《AI 반도체 전쟁》 책 출간 이후 많은 강연이 있었고, 학회 차원의 AI 반도체 포럼도 주관했었다. 또한 신문이나 잡지 기고도 이어졌다. 또한 정부 과제를 기획. 총괄하는 일도 맡게 되었다. 그래서 책을 보완해서 추가적인 새로운 내용을 독자들에게 전달해야겠다는 의무감이 생기게 되었다.

이 책은 이코노미조선의 〈김용석의 IT 월드〉 코너에 연재한 글이 기본이 되었고, 그 밖의 신문 칼럼과 TV 방송 인터뷰, 강연 내용을 정리해 담았다. 이번 개정증보판에서는 AI 반도체 전쟁 소용돌이 속에서 우리나라가 집중해야 해야 할 방향은 피지컬 AI 분야, 온디바이스 AI 반도체임을 강조하고자 노력했다. 이 책은 크게 세 부분으로 나누어져 있다. 1장에서는 반도체란 무엇인지, 시스템반도체의 중요성 등 반도체 전반을 다룬다. 추가로 중국 반도체 성장과 위협과 한국 시스템반도체 설계 역사를 언급했다. 2장에서는 AI 발전 역사, AI 반도체가 무엇인가를 설명한다. 또한 AI가 촉발한 미·중 반도체 경쟁 이야기도 함께 한다. 엔비디아에 대항해서 자체 칩을 개발 중인 빅테크들의 현황, 온디바이스 AI 반도체를 개발해야 하는 이유를 추가했다. 3장에서는 온디바이스 AI 반도체, 피지컬 AI가 만들어 내는 다양한 응용 산업 분야에 관한 설명이다. 지능형 CCTV, 스마트홈, 자율주행차, 로봇, 의료 등 많은 사례가 소개된다. 증보판에서는 드론, 로봇 청소기를 추가 설명했다.

AI는 1950년 영국의 수학자 앨런 튜링의 상상에서 시작되었다. 그는 기계도 생각할 수 있다고 주장했다. 1956년에는 인공지능이라는 용어가 생겨났고, 인간의 뇌를 모방한 인공신경망 연구가 본격화된다. 그 이후 AI는 두 번의 'AI의 겨울(AI Winter)' 또는 'AI 암흑기'를 거치고, 드디어 2012년에 AI 역사에서 중요한 전환점을 만든 사건이 발생했다. 캐나다 토론토 제프리 힌튼(Geoffrey Hinton) 연구팀이 만든 딥러닝(deep learning) 기반의 알렉스넷(AlexNet)이 이미지넷(Imagenet) 대회에서 우승하면서이다. 이때 사용한 AI 모델은 이미지넷 대회의 이미지 분류(Image Classification) 부문에서 기존 최고 모델보다 10% 이상 높은 정확도를 기록하며 우승했다. 알렉스넷의 성공은 단순히 모델 구조만의 성과가 아니라, 강력한 하드웨어인 엔비디아 GPU(그래픽 처리 장치) 반도체가 있었기에 가능했던 것이다. 딥러닝 알고리즘을 GPU를 이용해서 병렬처리를 하게 되면서 AI 연산의 표준으로 자리 잡게 된다.

이 사건을 기점으로 신경망 기반 딥러닝 기술이 부상했으며, 이후 AI 연구 및 산업 전반에 걸쳐 엄청난 혁신이 이루어졌다. 이 시점부터 AI의 발전은 알고리즘보다는 AI 반도체의 발전 속도에 좌우되기 시작했다. 엔비디아 전성시대의 서막이 열렸다. 그렇지만 수천억 개의 모델 파라미터를 학습시키기 위해서는 GPU 연산 성능 못지않게 메모리 대역폭과 이동속도가 병목이 되었고, 이를 해결한 것이 HBM(고대역폭메모리)이다. AI 대전환 시대를 열 수 있었던 것은 엔비디아의 GPU 시스템 반도체 설계와 우리나라의 메모리 기술의 결합으로 가능했다. 결국, 2022년 11월 미국 오픈AI의 챗GPT가 등장하게 되면서, 거대한 변화의 물결, AI 대전환 시대가 도래하게 되었다. AI 시대는 반도체가 열었다.

지금도 GPU는 AI 반도체의 여전히 핵심 역할을 담당하고 있고, 엔비디아가 2025년에도 AI 시장의 약 80~95%를 점유하며 지배력을 유지하고 있다. 현재도 데이터센터 AI 투자 대부분은 GPU 기반이다. 엔비디아에 대항해서 구글, 아마존, 마이크로소프트, 메타 등 하이퍼스케일러(Hyperscaler)는 자체 개발에 몰두하면서 본격적인 AI 반도체 전쟁이 시작되었다. 이 기업 중에도 구글은 TPU 기반으로 가장 경쟁력이 있다. 이들 기업과는 별개로 움직이는 반도체 기업이 AMD이다. 오픈AI에 2026년 하반기부터 시작하여 수년에 걸쳐 6기가와트에 해당하는 수십만 개의 AMD AI 칩 또는 GPU를 공급할 예정이다. 이와는 별도로 오픈AI도 자체 칩 개발을 추진 중이다.

중국 기업도 AI 반도체 전쟁이 동참하고 있다. 화웨이는 '어센드 910C'는 H100 대비 60% 정도의 추론 성능을 가지고 있다. 캠브리콘(Cambricon)의 성장도 위협적이다. AI 칩 '시위안 590'이 있다. 우리나라 기업도 열심히 노력 중이다. 데이터센터용 기업으로 퓨리오사AI, 리벨리온이 있다. 퓨리오사AI는 2024년에 레니게이드라는 2세대 제품을 출시했다. 온디바이스 AI 기업으로 딥엑스, 모빌린트, 보스반도체 등이 있다. 우리 기업들은 시장 공략을 확대하고 있지만 사업화에는 아직 어려움이 많다.

엔비디아는 AI 반도체 전쟁의 출발점이자 최강자이다. 최근에는 학습용이라는 기존 인식을 넘어, 추론 성능과 효율까지 강화하며 AI 전 주기를 포괄하려 하고 있다. 구글, 마이크로소프트, 아마존 등 경쟁자들이 엔비디아의 독점 지배력을 단기간에 위협하긴 어려울 것으로 보고 있지만, 치열한 경쟁이 예상된다.

이러한 AI 반도체 전쟁의 또 다른 축인 HBM은 국내 SK하이닉스, 삼성전자가 전 세계 시장의 80%에 달하는 점유율을 차지하며 독보적인 기술력을 가지고 있다. 지금은 HBM뿐 아니라 범용 D램까지 가격이 동반 상승하는 메모리 슈퍼 사이클로 진입했다는 평가다.

그러나 메모리는 HBM을 중심으로 호황을 누리고 있지만 시스템반도체는 여전히 취약하다. AI 시대가 도래한 지금이 팹리스(설계)·파운드리 역량을 재정비할 분기점이다. 또한 인재 양성에 힘을 쏟아야 한다. 석·박사 인력, 특히 실무적으로 잘 교육받은 석사급 인재를 키워야 한다. 학·석사 과정을 통해서 5년 만에 석사 인력을 양성하고, 설계·소자 및 공정, 패키징 등 세부 특화 대학원을 만들고 전문 인력을 키워내야 한다.

우리에게 좋은 기회가 왔다. 메모리 슈퍼 사이클을 시스템반도체 성장의 기회로 연결한다면, 우리나라는 반도체 전 영역에서 균형 잡힌 초강국으로 도약할 수 있다. 팹리스 역량을 강화하고 AI 반도체 국산화 우선 정책을 강력히 추진하자. 지금이 바로 그 전환을 이뤄낼 가장 중요한 시점이다.

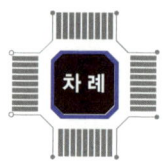

차 례

## 3장 AI, 산업의 중심이 되다

# 1장

# 왜 반도체가
# 중요한가?

# 반도체란 무엇인가?

반도체는 흔히 '산업의 쌀'로 비유된다. 산업에서도 사람의 생명을 지키는 쌀 만큼이나 반도체의 중요성이 크기 때문이다. 컴퓨터, TV, 냉장고 등 대부분의 가전제품은 물론이고 자동차, 항공기, 드론과 같은 운송 수단과 CCTV, 신호등, 교통 안내 시스템 등 전기·전자 제품에도 사용된다.

반도체는 상온에서 전기를 잘 전하는 도체와 전기가 잘 통하지 않는 부도체(절연체)의 중간 정도에 있는 물질을 말한다. 도체는 전기 혹은 열이 잘 흐르는 물질로서 철, 전선, 알루미늄, 금 등이 해당되고, 부도체는 전기 혹은 열이 흐르지 않는 물질로서 유리, 도자기, 플라스틱, 마른나무 등을 말한다. 전기공학에서는 전기가 흐르는 정도를 '전기전도도'라 칭하는데, 도체는 전기전도도가 아주 큰 반면, 부도체는 거의 0(제로)이라고 할 수 있다.

　반도체란 일반적으로 전기전도도가 도체와 부도체의 중간 정도되는 물질로서, '半+導體' 또는 'semi+conductor'라는 뜻을 지니고 있다. 순수 반도체는 부도체와 같이 전기가 거의 통하지 않지만, 어떤 인공적인 조작을 가하면 도체처럼 전기가 흐르기도 한다는 특징을 지니고 있다. 빛 혹은 열을 가하거나 특정 불순물을 주입하면 도체처럼 전기가 흐르게 되는데, 반도체와 도체의 다른 점은 도체는 전기가 잘 통하지만 사람이 조절하기 어렵다는 점이다.

　반도체는 크게 메모리반도체와 시스템반도체(비메모리)로 나뉘고, 시스템반도체는 다시 디지털 반도체와 아날로그 반도체로 구분된다. 메모리반도체는 정보를 저장하고 기억하는 용도로 활용되며, D램과 낸드플래시 등이 이에 속한다. 시스템반도체는 데이터의 연산, 제어 등 정보처리 역할을 담당한다는 측면에서 인간의 두뇌에 해당한다고 볼 수 있는데, 컴퓨터와 스마트폰의 AP(Application Processor, 응용프로세서), 자동차의 제어

장치에 활용되는 것 등이 대표적이다. 기술의 발달이 급격하게 진행되면서 자율주행차, 사물인터넷(Internet of Things, IoT) 응용 등 4차 산업 기술에서 시스템반도체는 핵심부품으로 주목받고 있다.

디지털 반도체는 디지털 신호인 0과 1을 이용하여 논리와 연산, 제어 기능 등을 수행하며, 디지털화된 전기적 정보(Data)를 연산하거나 처리(제어, 변환, 가공 등)하는 반도체이다.

아날로그 반도체는 일상생활에서 발생하는 빛·소리·압력·온도 등 아날로그 신호를 IT 기기가 인식할 수 있도록 디지털 신호로 바꾸거나, IT 기기가 처리한 결괏값을 인간이 인식할 수 있는 아날로그 신호로 바꿔주는 역할을 한다. 스마트폰 카메라 모듈에 사용되는 이미지센서(CIS)와 다른 반도체에 안정된 전원을 공급해 주는 PMIC(전력관리칩), 화면을 터치하면 해당 기능이 실행되는 터치IC 등이 대표적인 아날로그 반도체다. 미국의 TI는 1930년 창립된 세계 최대 아날로그 반도체 업체다. 그 외 아날로그 디바이시스, 인피니온, ST마이크로일렉트로닉스 등이 있다.

좀 더 쉽게 설명하면 메모리 칩처럼 전 세계 제품개발 업체를 고객으로 해서 만들어 내는 범용 칩을 기성복이라 한다면,

시스템반도체는 맞춤복에 비유할 수 있다. 그러므로 고객이 직접 원하는 기능, 성능과 같은 규격을 결정하는 일에 참여한다. 최근에는 메모리도 AI 시대가 시작되면서 변화가 있었다. 엔비디아 고객의 요구에 따라서 맞춤형 메모리인 HBM이 개발되었다.

## 디지털시스템과 시스템 온 칩의 탄생

실제 전자산업에 많이 사용되는 것은 디지털 반도체이다. 디지털의 논리 개념은 1854년 영국 수학자 조지 불(George Boole)의 불 대수(Boolean algebra)로 거슬러 올라간다. 조지 불은 명제의 참(True)과 거짓(False)을 이진값인 1과 0에 대응시키고 논리 연산을 가능하게 하는 새로운 대수를 만들었다. 불 대수의 참과 거짓을 전기가 들어오고 나가는 상태에 대응하면 불 대수가 전기적으로 구현된다. 이어서 1937년 클로드 섀넌(Claude Elwood Shannon)이 발전시켰다. 디지털 회로 설계의 시작이었다.

컴퓨터 역사에서 빼놓을 수 없는 사람은 존 폰 노이만(John

von Neumann)이다. 그는 폰 노이만 구조(아키텍처)를 제안했고, 이 폰 노이만 구조는 우리가 사용하고 있는 컴퓨터의 기본 구조가 되었다.

폰 노이만 구조는 시스템을 통제하고 프로그램을 실행하는 CPU(Central Processing Unit, 중앙처리장치)와 사용할 프로그램과 데이터를 저장하는 메모리로 구성된다. CPU는 컴퓨터 프로그램의 명령어를 해석해 연산하고, 외부로 출력하는 역할을 한다. 컴퓨터의 모든 작동 과정은 이 CPU에 의해 제어된다.

이후 PC, 스마트폰이 디지털 반도체 시장을 이끌어 왔다. 최근에 각광받는 AI 반도체도 디지털 반도체이다. 시스템 온 칩(System on Chip, SoC)은 1990년대부터 본격화되었다. 용어에서 의미하듯이 반도체 공정의 발달로 과거의 여러 개의 칩으로 구성되어 있었던 것('시스템'이라 부를 수 있다)을 하나의 칩으로 구현할 수 있게 되었다. 1980년대는 작은 규모의 칩인 주문형 반도체(ASIC) 시대였다. 주문형 반도체는 맞춤복 의류사업이라고 한다면, 시스템 온 칩은 의류뿐만 아니라 와이셔츠, 넥타이, 패션 액세서리, 벨트, 핸드백, 구두 등이 포함된 종합패션사업에 해당될 것이다. 고객이 의류만 사는 것이 아니라 전체적인 콘셉트를 우선 정하고 이 콘셉트에 맞추어 구두, 핸드백 등 토털

코디네이션을 하는 셈이다. 의류, 벨트, 핸드백, 구두 등 여러 기능들은 기능별로 미리 만들어 놓을 수 있고, 각각 상품화가 가능한 수준이다.

시스템 온 칩에서는 의류나 벨트 등과 같이 미리 만들어 놓은 것이 검증된 칩 블록에 해당되는데, 이를 '설계자산(Intellectual Property, IP)'이라고 부른다. 이 설계자산들은 칩을 설계할 때 선택하여 거의 그대로 사용하게 된다. 이렇게 하면 칩 설계 개발기간을 줄일 수 있다.

기존에 여러 개의 표준 칩, 주문형 반도체로 구성되어 있던 것을 단순 통합하여 한 개의 칩으로 만들어 내는 것이 시스템 온 칩 개발이 아니다. 여러 개의 칩이 하나의 칩으로 바뀌면서 적합한 구조로의 효율적인 변경이 필요하고, 이때 이미 만들어 검증까지 해 놓았던 블록들을 그대로 이용하게 된다.

최근에는 대부분의 시스템 온 칩은 칩 내에 프로그램이 가능한 CPU나 GPU 같은 프로세서가 들어간다. 그리고 NPU(Neural Processing Unit, 신경망처리장치) 같은 인공지능 코어도 들어간다. 그래서 이제는 칩 내에 하드웨어 처리 부분과 소프트웨어 처리 부분을 최적화를 고려해서 개발해야 한다. 규격을 정하고 칩을 설계하는 과정에서 하드웨어로 구현할 부분과 소프트웨어로 프로그래밍할 부분을 나누는 과정이 반드시 필요하며, 따라서 시스템 온 칩에서는 소프트웨어가 매우 중요한 역할을 담당하게 된다.


## 반도체 제조는 8대 공정으로 나눈다

반도체는 어떤 과정을 거쳐 나오는 걸까? 크게는 회로가 인쇄된 웨이퍼를 만드는 전공정(front-end process)과 웨이퍼를 낱개로 잘라 칩으로 만드는 후공정(back-end process)으로 나눌 수 있다. 웨이퍼를 만드는 전공정은 대규모 설비투자가 필수적이다. 2층짜리 공장(300밀리미터 웨이퍼 신규 생산라인 기준, 장비 포함) 하나 건설하는 데만 15조 원 이상이 든다.

제조 과정을 조금 더 자세히 살펴보면 반도체 제조는 크게 8단계를 거친다. ①웨이퍼→②산화→③포토→④식각→⑤확산·증착→⑥금속배선→⑦테스트→⑧패키징 과정을 거치며, 이를 반도체 8대 공정이라 부른다. 시작은 웨이퍼 제작 단계다. 자연에서 채취한 모래에서 실리콘을 추출해 실리콘 기둥인 '잉곳(ingot)'을 만들고, 이를 잘라 웨이퍼(wafer, 원판)

를 만드는 과정이다. 이렇게 만들어진 가공 전 웨이퍼를 '베어 웨이퍼(bare wafer)'라고 한다. 삼성전자와 SK하이닉스 같은 회사는 베어 웨이퍼를 다른 회사로부터 구매해 쓴다.

두 번째는 산화 공정이다. 웨이퍼 위에 얇은 산화막($SiO_2$)을 씌우는 과정이다. 세 번째는 포토(photo) 공정이다. 웨이퍼에 반도체 회로를 그려 넣는 단계로, 필름을 인화지에 현상하는 과정이라고 보면 된다. 회로가 그려진 마스크(mask)를 감광액을 바른 웨이퍼 위에 놓고 빛(자외선)을 통과시키면 웨이퍼 위에 회로 패턴이 형성된다. 보통 마스크 설계도면은 50~100미터 정도의 큰 크기로 제작된다. 이를 축소해 유리판에 옮긴 게 마스크다. 포토 공정은 주로 노광기에서 이뤄진다. 노광기는 반도체 공장에서 쓰는 수백억 원짜리 카메라로 보면 된다.

네 번째는 식각 공정이다. 필요한 회로 패턴을 남기고 나머지 부분을 깎는 작업이다. 이어서 다섯 번째는 확산·증착 공정이다. 여러 공정을 거쳤어도 웨이퍼는 아직 전기가 통하지 않는 부도체 상태다. 웨이퍼가 생명력, 곧 전기가 통하게 하려면 붕소·인·비소 등의 불순물을 넣어야 하는데, 이를 확산(diffusion) 또는 이온주입 공정이라고 한다.

여섯 번째 단계는 금속배선 공정이다. 반도체에 전기가 지나다니는 길을 만들어주는 공정이다. 이를 위해 회로 패턴을 따라 구리나 알루미늄, 텅스텐 등 금속선을 깔아주는 작업을 금속배선 공정이라고 한다.

일곱 번째는 테스트 단계다. 모든 칩이 정상적으로 작동하면 다행이지만 그렇지 않을 때도 있다. 불량품은 없는지 검사하는 단계가 필수적이다. 특히 반도체업계는 수율을 중시한다. 웨이퍼 한 장당 생산되는 양품(제대로 된 제품)의 비율을 뜻하는 수율은 반도체 회사의 기술력과 수익성을 가늠하는 척도로 활용된다. 반도체업계에선 수율이 90% 이상일 때를 '골든 수율'이라고 한다.

지금까지의 설명이 전공정에 해당되고, 마지막 여덟 번째 과정인 패키징이 후공정 단계이다. 패키징은 웨이퍼를 잘라 낱개의 칩을 만들고, 여기에 지지대와 전선을 연결하는 과정이다. 단순한 작업 같아도 미세공정의 한계에 부딪힌 반도체업계가 새롭게 주목하는 분야가 바로 패키징이다. 패키징 공정에서도 고온이나 고전압 등 극한 조건에서 제품이 제대로 작동하는지 확인하는 작업이 이뤄진다.

8대 공정 중에서 세 번째의 포토 공정이 특히 중요한 단계다. 네덜란드 벨트호벤에 본사를 두고 있는 ASML은 전 세계 EUV(극자외선) 노광장비 시장의 90% 이상을 차지하고 있다. 2010년대 후반부터 7나노(nm, 나노미터, 1나노미터는 10억분의 1미터) 이하 초미세공정을 위해 EUV 장비의 필요성이 높아졌는데, EUV 장비를 제작할 수 있는 회사는 전 세계에서 ASML 한 곳뿐이다. 연간 생산량이 50대 내외 수준이라, 장비를 받으려면 줄을 서서 기다려야 한다. 생산량이 매우 적고 대기 물량이 많다는 점으로 인해 '슈퍼 을' 기업으로 불리며 영향력이 매우 높아졌다.

삼성전자와 SK하이닉스, 인텔, 도시바, 마이크론 등 우리가 흔히 듣는 반도체 회사들이 전공정 회사다. 후공정은 과거엔 부가가치가 낮은 기술이라며 외주를 줬다. 하지만 반도체 미세공정이 한계에 다다르고 반도체 활용 분야가 다양해지면서, 지금은 전공정 업체들도 후공정 기술 개발에 공을 들이는 상황이다.

# 왜 시스템반도체가 중요한가?

반도체 제품은 메모리반도체와 시스템반도체로 크게 두 종류로 나뉜다. 메모리반도체는 데이터를 저장하는 역할을 하며, 컴퓨터나 스마트폰에 들어가는 D램과 플래시(Flash) 메모리가 대표적이다. 시스템반도체는 연산, 제어 같은 데이터를 처리하는 역할을 한다. 시스템반도체 시장은 시스템반도체를 위탁 생산하는 제조 전문기업(파운드리, foundry)과 반도체 설계만 하는 설계 전문기업(팹리스, fabless) 두 축으로 구성된다.

반도체 기업이 설계와 생산을 모두 맡는 메모리반도체는 국제반도체표준협의기구(JEDEC)에서 설정해 놓은 표준 규격에 따라 설계 및 제작한다. 따라서 삼성전자와 SK하이닉스가 만든 제품이 성능에서 큰 차이가 없다. 그야말로 범용 반도체이다. 기본적으로 메모리반도체를 '사이클 산업'이라고 말한다. 일정 주기로 호황과 불황이 반복된다는 의미다. 메모리반도체는 수급 변동에 큰 영향을 받는다. 공급 측면에서 보면, 반도체 기업이 고성능 차세대 제품을 출시하면 수요가 늘었다가, 반도체 생산 공장 증설로 공급이 과잉돼 단가가 내려가면서 침체기에 들어간다.

메모리는 고객사(세트 제품 사)와 납품 계약 주기가 짧다. 통상적으로 월별/분기별로 상호 합의에 따라 공급 물량과 납품 가격을 결정하고 있으며, 1년 이상의 장기 공급 계약은 보통 체결하지 않는다. 같은 D램을 생산하는 제조사라도 선두 업체와 후발 주자의 기술 격차에 따라 조 단위의 영업이익 차이가 발생하는 승자 독식형 구조를 보인다. 예를 들어, 선발 업체와 후발 업체 간 기술 격차가 6개월가량 난다고 가정해 보자. 6개월이 별 차이가 아니라고 느껴질 수 있겠지만, 반도체 시장에서 한 번 신제품이 출시되면 이를 활용한 세트 산업의 제품 주기가 짧다는 점을 감안하면 이는 엄청난 격차라고 할 수 있다.

메모리반도체와 시스템반도체 중 한국이 강세를 보이는 것은 메모리반도체 시장이다. 시장조사 업체 트렌드포스에 따르면, 2025년 3분기 SK하이닉스, 33.2%와 삼성전자, 32.6% 두 기업이 차지하는 전 세계 D램 점유율은 약 66%에 달한다. 미국 마이크론이 25.7%를 각각 차지 했다.

하지만 시스템반도체 시장을 보면 상황이 많이 다르다. 시장조사업체 트렌드포스에 따르면, 2025년 3분기 시장에서 대만의 TSMC 한 개 기업의 전 세계 파운드리 시장 점유율은 71%를 차지하고 있다. 전 분기보다 0.8%포인트 늘어난 수치다. 2위 삼성전자의 점유율은 3분기 6.8%p이다. 3위 중국 SMIC와 4위 대만 UMC도 점유율이 각각 5.1%, 4.2% 순위이다. 삼성전자가 파운드리 시장 2위 업체이긴 하지만, 점유율은 1위 업체 TSMC와의 격차가 매우 크다. 특히, SMIC의 약진이 놀랍다.

시스템반도체 설계를 전문으로 하는 팹리스는 더욱 심각하다. 2025년도 글로벌 팹리스 기업 10위권에 한국 기업은 단한 곳도 없었다. 또한 한국 기업들의 팹리스 글로벌 시장 점유율도 1% 수준에 불과했다. 반면, 팹리스 글로벌 상위 3개 기업(퀄컴, 브로드컴, 엔비디아)은 모두 미국 기업이었다.

메모리반도체 시장은 전체 반도체 시장에서 35%에 불과하지만, 시스템반도체 시장은 65%를 차지할 정도로 훨씬 규모가 크다. 국내 반도체 산업 발전을 위해선 메모리반도체 편중에서 벗어나 시스템반도체에서도 경쟁력을 끌어올려야 한다는 건 어제오늘의 얘기가 아니다.

AI를 기반으로 한 4차 산업혁명이 개별 소비자의 기호에 맞는 맞춤형 소비 시대를 앞당기면서 시스템반도체의 중요성은 더욱 부각된다. 세계적인 미래학자 앨빈 토플러가 그의 저서 《제3의 물결》에서 공급자(producer)와 소비자(consumer)를 합성한 프로슈머(prosumer)라는 말을 사용했는데, 이는 제품의 개발 주체가 제조 업체에서 소비자로 이동함을 의미한다. 소비자, 즉 고객의 의견을 반영한 기능을 제품에 넣으려면 반도체 부품이 필요한데, 이것이 바로 시스템반도체다. 여러 기능이 있는 시스템을 하나의 칩으로 구현한 '시스템 온 칩(SoC)' 시대가 열리게 된 것이다. 코로나19 팬데믹으로 디지털 전환이 가속화되고 있으며, SoC의 수요를 더욱 늘리고 있다.

## 스마트폰도 시스템반도체가 좌우한다

시스템반도체는 스마트폰에 많이 들어 있다. 스마트폰은 피처폰(스마트폰이 나오기 전 휴대전화)과 달리, 전화기 기능이 꺼지지 않는 손안의 개인 컴퓨터다. 컴퓨터가 가지고 있는 CPU 보드, 그래픽 보드, 랜카드(LAN card), 사운드 카드(sound card) 등을 반도체 칩으로 만들어 스마트폰에 탑재했다. 메모리반도체를 제외한 모든 칩이 시스템반도체들인 셈인데, 스마트폰 안에서 모두 중요한 역할을 수행한다. 그중에서 가장 핵심 시스템반도체는 AP다. AP는 전체적으로 다른 반도체 칩들을 제어하므로 사람의 두뇌에 비유하기도 한다.

AP 성능은 크게 CPU와 GPU 성능에 좌우된다. GPU의 역할은 그래픽과 영상 데이터를 화면에 표시해 주거나 게임의 3차원(3D) 그래픽을 처리해 준다. 최근에는 NPU가 별도로 들어간다. 딥러닝 모델을 기존의 CPU와 GPU 등으로 구현하려면 전력이 너무 많이 소모되고 비효율적이기 때문에 별도 칩으로 넣는 것이다.

스마트폰 선두 기업인 삼성과 애플은 AP를 자체 개발해서 자사 스마트폰에 적용하고 있다. 자사 스마트폰만의 차별화된 성능과 기능을 반도체에 만들어 넣을 목적 때문이다. 갤럭시 첫 모델인 갤럭시S1에 사용됐던 AP는 삼성이 자체 개발했는데, 최초로 H.264 동영상 코덱을 소프트웨어에서 하드웨어로 구현하면서, 카메라로 동영상 촬영 시 전력 소모를 획기적으로 줄였다. 삼성이 AP를 자체 개발해서 갤럭시 제품의 경쟁력을 높인 대표적인 사례다.

스마트폰에는 이 밖에도 많은 시스템반도체가 사용된다. 기지국과 스마트폰 간에 통신을 위한 모뎀 칩, 카메라의 핵심부품인 이미지센서 칩도 모두 시스템반도체다.


## 자율주행차 핵심도 시스템반도체다


우리나라가 시스템반도체에 집중해야 하는 이유는 이 산업이 단순히 시장 규모가 커서가 아니다. 제품(세트) 경쟁력의 열쇠를 쥐고 있기 때문이다. 팬데믹 중 자동차에 들어가는 반도체를 구하지 못해서 자동차 생산을 중단하는 사태까지 있었다. 현대자동차 전기차 아이오닉5 등을 생산하는 울산1공장은 2021년 4월, 일주일간 휴업에 들어갔다. 차량용 시스템반도체인 마이크로컨트롤유닛(MCU)을 구하지 못해서 생긴 일이었다.

자율주행차를 예로 들면 시스템반도체의 중요성은 더욱 명확해진다. 자율주행차의 핵심은 시스템반도체와 구동하는 소프트웨어에 있다. 인간의 시각·청각 등을 대체하는 기술로 지형지물과 거리를 인식하는 것은 카메라와 라이다(LiDAR)가, 거리 측정에는 레이더(Radar)와 초음파가 사용된다. 이러한 센서들과 이를 처리하는 시스템 온 칩, 소프트웨어가 하나의 모듈 형태로 만들어져 있는 것이 첨단 운전자 보조 시스템(Advanced Driver Assistance System, ADAS)이다. 센서들로부터 취합된 수많은 정보는 ADAS에 있는 시스템반도체에서 처리된다. 이것이 자율주행차에서 핵심 역할을 한다. 시스템반도체 개발(설계) 능력이 미래 자율주행차 산업을 주도할 핵심 열쇠인 셈이다.

현재 우리나라는 세계 6위의 제조업 강국이다. 국가 차원에서 보면 제조업과 시스템반도체는 매우 관련성이 높다. 제품의 경쟁력이 시스템반도체에서 나오기 때문이다. 대표되는 기술인 IoT, AI, 5G(5세대) 네트워크가 만들어 내는 미래 먹거리 사업은 자율주행차, 스마트팩토리, 스마트시티, 헬스케어 등으로 모두 우리나라를 이끌 중추 산업이다. 자체적으로 시스템반도체를 개발하는 능력을 갖추어야만 남보다 앞설 수 있다. 이를 위해선 인력 육성이 매우 중요하다. 메모리반도체는 설계도 중요하지만, 대규모 장치 투자 사업이다. 그에 비해 시스템반도체 사업은 창의적 지식이 중요한 인력 육성 사업이다. 대학과 정부, 기업 모두가 함께 노력해야 한다.

# 한국 시스템반도체
# 산업 발전의 역사

팹리스가 설계하면 파운드리가 생산을 맡고 있어서 바늘과 실의 관계처럼 밀접하다. 시스템반도체는 이처럼 설계와 제조두 가지를 말한다

시스템반도체 발전사를 크게 3부분으로 나눌 수 있다. 시스템반도체 산업 1세대는 1980년대 초 Semi-custom IC(Gate Array) 혹은 ASIC 형태로 순수 디지털 논리회로로 구성되고 칩의규모가 그리 크지 않았다. 시스템반도체 산업 2세대는 본격적인 SoC 시대의 개막, 발전하고 정착된 시기이다. 칩의 규모가커지고 CPU, GPU, DSP 코어가 칩 안에 내장되면서 소프트웨

어가 중요해진다. 1995년 미국 퀄컴이 상용화한 휴대폰의 핵심 칩인 CDMA 모뎀이 대표적이다. 퀄컴은 CDMA 이동통신 시대를 열었다. 이후 본격적인 IMT2000 시대로 접어들면서 3G, 4G, 5G 이동통신으로 발전되었다. 역시 이 방식에 맞추어서 모뎀 개발이 이루어졌다. 또한 2007년 아이폰 등장으로 스마트폰 시대가 열리는데 모뎀 칩에서 AP 칩으로 핵심 칩의 중요도가 바뀌게 된다. 시스템반도체 산업 3세대는 엔비디아의 등장으로 본격화되고 있는 AI 반도체 시기이다. 설계를 중점적으로 이야기해 보기로 한다.

## 시스템반도체 산업 1세대(1981~1990년대)
### : 주문형 반도체에서 시작

세계 최초의 팹리스-파운드리 분업을 시작한 회사는 1981년도 설립된 미국의 LSI LOGIC이다. 처음으로 Semicustom(Gate Array) 형태의 팹리스 비즈니스 모델을 시작했다. 칩 설계를 위주로 하고 제조는 외주 파운드리에 맡겼다. 일부 자체 파운드리를 갖기도 했다. 그 이후 1987년도에 TSMC가 설립되는데, 순

수 파운드리의 역할로서는 이때부터가 본격적이라 할 수 있다.

필자는 1983년 삼성전자 시스템(세트) 부문 연구소에 입사해서 주문형 반도체 설계를 담당하였다. 시스템 부문에 칩 설계 조직을 만든 것은 국내에서 처음이었다. 1985년 첫 과제로 SPC1500 교육용 PC에 들어가는 칩을 설계했다. 당시 설계자동화(EDA) 툴로 미국 데이지 시스템(Daisy System)을 사용했다. 당시 가장 뛰어난 설계 툴로 기억된다. 이후 와이드 TV, 명품 플러스-1 TV에 들어가는 칩을 개발해서 상용화했다.

1987년 6월에는 미국의 'LSI LOGIC'이 한국에 디자인센터를 설립했다. 100% 직접투자 형식으로 이루어진 한국 현지법인은 'LSI 로직 코리아'라는 명칭으로 ASIC 개발과 생산에 집중했으며, 뒤를 이어 '인텔(Intel)'과 '모토로라(Motorola)' 등 미국 기업들과 일본의 반도체 설계전문업체들이 한국에 법인, 또는 합작기업의 형식으로 진출했다. 외국 기업들의 투자가 활발해지면서 국내에서도 ASIC에 관한 관심이 점차 고조되어 갔다.

당시 '㈜금성반도체', '㈜삼성반도체통신'는 1984년에 설립되어 Semicustom(Gate Array) 제품을 개발하고 별도 법인으로 '아남반도체설계'를 설립한 '㈜아남산업'은 컴퓨터 및 통신장비용 ASIC 설계에 뛰어들었다.

메모리반도체 중심으로 출발하고 성장해 온 80년대의 한국의 반도체 산업은 90년대가 들어서면서 시스템(세트) 산업의 성패가 시스템의 ASIC 개발에 달려있음을 깨닫기 시작했다.

우리나라에서 반도체 설계, 혹은 ASIC(주문형 반도체) 설계 용역을 목적으로 설립된 회사는 1987년에 출범한 '아남반도체설계(주)'가 최초이다. 그룹에서 4명의 인력을 선발, 미국 실리콘밸리에 소재한 'VLSI 테크놀러지' 사의 디자인센터에서 교육을 받게 한 후 한국 내에 '디자인 하우스(Design House)'로 출범시킨 것이었다. 당시 국내에서는 거의 황무지나 다름없던 ASIC 시장을 개척하기 위해 미국의 설계용 CAD 툴을 이용하여 초기에 많은 기술 인력을 배출했다.

그 후 1990년, ETRI 출신의 유영욱 대표가 설립한 '(주)서두로직'이 있다. 다른 업체와 달리 설계하는 방법, 즉 설계용 툴을 구축하여 상품화했다. 설계 방법인 '캐드 툴(CAD Tool)'의 이름을 '마이캐드(MyCAD)'라고 작명해서 판매를 시작했었다. 이어서 1993년에는 '(주)사이몬'과 '(주)C&S테크놀러지', 1995년에는 '(주)ASIC플라자' 등이 출범했다. 곧이어 1996년 이후로는 매년 10여 개씩의 설계업체(팹리스)들이 생겨나기 시작했다. 1997년 초에는 ASIC 설계 회사 13개가 모여 협회(ADA)를 만들었다.

또한 학계에서는 인력 양성에 큰 역할을 했다. 1989년에 연세대학교 이문기 교수가 ASIC 설계 공동연구소를 설립하여 고성능 프로세서, 정보통신용 ASIC, 제어/자동화 시스템용 ASIC, 반도체 소자 및 재료, CAD 소프트웨어 분야 산학협력 사업을 통해서 인력 양성을 활발히 진행하였다. 1995년에 KAIST 경종민 교수가 IDEC(반도체설계교육센터)을 설립하여 시스템반도체 인력 육성에 크게 기여했다. 시스템반도체 설계에는 고가의 EDA(전자설계자동화) 소프트웨어가 필수인 공동 라이선스를 전국 대학에 제공했고, 학생과 교수가 설계한 칩을 제작할 수 있도록 MPW(Multi-Project Wafer) 서비스를 제공했다. 이때 양성된 많은 인력이 지금 시스템반도체의 발전에 밑거름이 되었다.

1980년대 초중반 ㈜삼성반도체통신의 시스템반도체의 산실은 부천 사업장이었다. 당시 김광교 연구소장의 리더십으로 국내 처음으로 시스템반도체 칩 개발이 시작되었다. 시계용 칩과 계산기용 칩이 매출에서 매우 큰 비중을 차지하던 시절이었다. 시계용 칩은 월간 1,000만 개를 생산하는 규모였고, 계산기칩은 월간 400만 개를 생산하는 규모였다. 이 시계용 칩과 계산기용 칩은 둘 다 전 세계 시장의 70%를 차지하는 큰 물량이었다.

기본기능 계산기칩 설계에서 기반을 다진 설계 및 제조 기술을 바탕으로 드디어 1986년 KS6041이라는 과학기술용 계산기칩의 개발에 성공하게 된다. 이 칩은 집적된 트랜지스터 수가 10만 개를 넘는 VLSI 급의 칩이었다. 당시 칩에 사용된 공정은 2마이크로미터였다. 요즘 사용되는 최첨단 공정이 2나노미터인 점을 고려하면 1,000배의 차이가 나지만 당시로는 삼성이 보유한 최첨단 공정이었다. 이 칩에는 56개의 과학기술 함수가 내장되었다. 이 칩에 탑재된 알고리즘으로는 삼각함수, 쌍곡선함수, 지수 로그함수, 좌표전환 기능, 통계 계산 기능, 복소수 계산 기능 등을 포함하고 있다.

초기에는 일본의 계산기칩을 참조했었다. 그러나 얼마 지나지 않아 일본의 계산기칩 ROM은 디플리션 트랜지스터로 제작되어서 프로그램의 내용을 볼 수 없게 되었다. 하지만 삼성은 이미 자체적으로 모든 과학기술용 알고리즘을 설계할 수 있는 기술을 확보한 뒤였다. 그렇게 하여 삼성은 반도체 칩 시장에서 선두로 나설 수 있었으며, 과학기술용 계산기칩이 대한민국 시스템반도체의 시발점인 된 것이다.

1990년대 삼성이 설계한 대표적인 반도체 칩으로 DVDP (DVD Player)용 칩이 있다. 삼성전자의 시스템LSI 사업부는 이미

CD용 칩을 양산하고 있었고, CD player용 칩에서 핵심인 오류정정 기술을 확보하고 있었다. 따라서 DVDP용 칩 개발은 쉽게 할 수 있었다. 당시의 DVD 플레이어는 CD뿐만 아니라, VHS 테이프도 재생할 수 있는 콤보 타입이었다.

국내 가전기업이 TV 분야에서 전통적 강자였던 일본의 소니를 이길 수 있었던 것은 TV 기술이 아날로그에서 디지털로 바뀌는 시기에 자체 개발한 시스템반도체를 탑재하는 등 발 빠르게 대응했기 때문이다.

1980년대 일본은 세계 전자산업의 선두 주자였고, NHK는 'MUSE(Multiple sub-Nyquist Sampling Encoding) 방식'이라는 HD TV 시스템을 제안했다. 고해상도 영상을 목표로 했지만, 핵심은 여전히 아날로그 전송 방식이었다. 일본은 이 방식을 ITU(International Telecommunication Union) 국제기구를 통해 세계 표준으로 추진했다. 만약 MUSE 방식이 채택됐다면, 일본이 HD TV 시대를 독점하게 되는 구조였다. 세계 최초 HD TV 규격이었지만, 아날로그 전송이라는 한계를 가지고 있었다. 미국 연방통신위원회인 FCC는 디지털 기반 HDTV 연구에 나섰다. AT&T, 제니스(Zenith), MIT, 사노프(Sarnoff) 연구소 등이 참여해 다양한 디지털 방식이 제안되었고, 1993년에는 Grand Alliance HDTV 컨소시엄이 결성되었다. 이 컨소시엄은 미국식 디지털 HDTV 표준(훗날 ATSC)을 정립하는 출발점이 되었는데, 여기서 LG전자가 인수 과정에 있던 제니스가 핵심 멤버로 참여하면서 LG-제니스 연합이 국제 무대에서 활동을 시작했다.

LG전자는 당시 국내에선 후발 주자였지만, 방송 수신·신호 처리 분야의 시스템반도체 개발을 목표로 연구개발을 이어왔다. 그러나 글로벌 표준 경쟁에서 주도권을 확보하려면 미국 진영에 들어가는 것이 필수였다. 이에 따라 LG는 1995년 미국의 대표적 TV 기업이자 그랜드 얼라이언스(Grand Alliance) 멤버였던 제니스를 인수하여 국제 표준 협상 테이블에서 영향력을 확보했다. 제니스의 방송·수신 특허와 LG의 반도체 설계 역량이 결합하면서, 본격적으로 일본 NHK 진영 vs. 미국-한국 연합의 구도가 형성되었다.

표준 경쟁의 가장 큰 쟁점은 전송 방식이었다. LG-제니스 진영은 8-VSB(8-Level Vestigial Sideband) 방식을 제안했다. 전송 전력 대비 성능이 우수했으며, 무엇보다 미국 방송사들이 쓰던 기존 6MHz 채널 구조에 가장 적합했다. 결국 1996년 FCC는 8-VSB를 채택하며, 미국 디지털 방송 표준(ATSC)을 확정했다.

표준이 확정되자 LG전자는 곧바로 ATSC 수신 칩 개발에 착수했다. 제니스가 가진 방송·안테나 기술과 LG의 반도체 설계 능력이 결합하여, 1997년 세계 최초로 상용이 가능한 ATSC 복조 칩과 MPEG-2 디코더를 개발했다. 이 칩은 1998년 미국의 디지털 방송 시작과 함께 상용 TV에 탑재되었으며, LG는 '세계 최초 DTV 칩 상용화 기업'이라는 타이틀을 얻었다. 이어서 2006년에는 6세대 DTV 칩셋을 양산할 수 있었다. 결국 시스템반도체 기술을 확보하면서 TV 시장에서 우리나라 기업들이 주도권을 가지고 성장할 수 있었다.

## 시스템반도체 산업 2세대(2000년 초~2021년)
: 본격적인 SoC 시대 열리다

휴대폰, 스마트폰에 들어가는 대표적인 SoC는 모뎀과 AP이다. 워낙 규모가 크고 많은 인력과 예산이 소요되는 과제이다 보니 팹리스가 개발하기에는 어려운 칩이었다. 피처폰 시대에는 전화 기능이 중요하므로 모뎀이 가장 중요했고, 스마트폰으로 발전하면서 모발 향 PC의 역할을 하게 되면서 AP가 더 중요한 칩이 되었다.

SoC로 넘어오면서 설계 방법론의 변화가 있었는데, 회로도를 그리는 것이 아닌 HDL(Hardware Description Language)을 본격적으로 도입하게 된다. 대표적인 HDL로는 베릴로그(Verilog)와 VHDL(VHSIC Hardware Description Language)이 있다.

기업들도 변화가 생기게 되는데, 팹리스 외에 반도체 IP(Intellectual Property) 기업과 디자인하우스 기업이다. SoC 설계는 수억 개에서 수십억 개의 트랜지스터로 구성되며, CPU, GPU, 메모리 컨트롤러, 인터페이스, AI 가속기, 보안 모듈 등 다양한 기능이 집적된다. 이 복잡한 시스템을 처음부터 끝까지 일일이 새로 설계하는 것은 현실적으로 불가능하다. 이 때문에 재사용이 가능한 회로 설계 블록, 즉 IP가 SoC 설계의 근간을 이루게 된다. 반도체 IP 기업이 중요한 이유이다.

IP를 사용하는 이유는 개발기간 단축이다. 또한 리스크 최소화이다. 복잡한 칩에서 오류 가능성을 줄이고, 실리콘 재테스트 비용을 절감할 수 있다. 칩스앤미디어(2003년), 오픈에지테크놀로지(2017년)가 설립되었다.

국내 대표적인 기업은 오픈에지테크놀로지(OpenEdge Technology)이다. 2017년에 설립된 이 회사는 인공지능 칩이나 고성능 SoC에서 중요한 메모리 서브시스템 IP를 전문적으로 개발한다. DDR·LPDDR 메모리 컨트롤러, NoC(Network-on-Chip), 인터페이스 IP, NPU 코어 등을 보유하고 있다. 칩스앤미디어(Chips&Media)도 뛰어난 회사이다. 2003년 설립된 이 기업은 영상 코덱(Video Codec) IP에 특화되어 있다. H.264, HEVC, AV1 등 최신 압축 기술을 지원하는 인코더·디코더 IP를 개발해 삼성전자, 하이실리콘, 리얼텍, 미디어텍 등 세계 주요 팹리스와 반도체 회사들에 공급해 왔다.

SoC의 변화에서 빠질 수 없는 것은 이 시기에 설립된 디자인하우스(Design House)들이다. 칩의 규모가 커지면서 팹리스가 하던 일을 별도로 하게 된 것이다. 팹리스가 설계한 반도체 칩의 설계를 제조 공정에 맞게 최적화된 레이아웃(Layout) 설계로 파운드리 기업과 연결해 주는 역할이다. 최근 AI 반도체 규모가 커지고 미세공정에 대한 개발 난이도가 높아지면서 디자인하우스 역할이 중요해지고 있다. 세미파이브(2019년), 에이디테크놀로지(2002년), 알파솔루션즈(2003년), 가온칩스(2012년) 등이 있다.

스마트폰이 세상에 나오기 전에는 전화 통화 목적으로 휴대폰을 사용했는데, 휴대폰에는 모뎀 칩이 핵심 역할을 했다. 이 휴대폰용 모뎀은 기지국 속에 있는 기지국용 모뎀과 데이터를 주고받는 역할을 한다. 내가 다른 사람들과 전화 통화를 하고 문자를 보내고 때로는 문서나 동영상 영화를 보낼 수 있었던 것은 모두 이 휴대폰 모뎀의 덕택인 셈이다. 모뎀은 변복조를 처리하기 위한 알고리즘, 하드웨어와 소프트웨어의 분담 처리를 위해 CPU, DSP의 코어가 칩 안에 내장되고, 메모리도 많이 필요하므로 전형적인 '시스템 온 칩(SoC)'인 셈이다.

시스템반도체는 스마트폰에 많이 들어 있다. 스마트폰은 피처폰(스마트폰이 나오기 전 휴대전화)과 달리, 전화기 기능이 꺼지지 않는 손안의 개인 컴퓨터다. 컴퓨터가 가지고 있는 중앙처리장치(CPU) 보드, 그래픽 보드, 랜카드(LAN card), 사운드 카드(sound card) 등을 반도체 칩으로 만들어 스마트폰에 탑재했다. 메모리 반도체를 제외한 모든 칩이 시스템반도체인 셈인데, 스마트폰 안에서 모두 중요한 역할을 수행한다. 그중에서 가장 핵심인 시스템반도체는 응용프로세서(AP)이다. AP는 전체적으로 다른 반도체 칩들을 제어하므로 사람의 두뇌에 비유하기도 한다.

AP 성능은 크게 CPU와 그래픽처리장치(GPU) 성능에 좌우된다. GPU의 역할은 그래픽과 영상 데이터를 화면에 표시해 주거나 게임의 3차원(3D) 그래픽을 처리해 준다. 최근에는 신경망처리장치(NPU)가 별도로 들어간다. 딥러닝 모델을 기존의 CPU와 GPU 등으로 구현하려면 전력이 너무 많이 소모되고 비효율적이기에 별도 칩으로 들어가는 것이다.

삼성은 AP를 자체 개발해서 자사 스마트폰에 적용하고 있다. 자사 스마트폰만의 차별화된 성능과 기능을 반도체에 만들어 넣을 목적 때문이다. 삼성의 AP 개발은 2000년대 초에서 시작되었다. 2000년대 중반 'S5PC100' 시리즈를 통해 스마트폰용 SoC 개발을 본격화했다. 2010년 출시된 첫 갤럭시 모델인 S1에는 허밍버드(Hummingbird, S5PC110)라는 이름의 1GHz ARM Cortex-A8 프로세서가 사용되었다. 삼성의 AP 자립의 시작점이었다. 최초로 H.264 동영상 코덱을 소프트웨어에서 하드웨어로 구현하면서, 카메라로 동영상 촬영 시 전력 소모를 획기적으로 줄였다. 삼성이 AP를 자체 개발해서 갤럭시 제품의 경쟁력을 높인 대표적인 사례다.

2011년, 삼성은 '엑시노스(Exynos)'라는 브랜드명을 공식화했다. 'Exynos'는 그리스어 'exypnos(스마트)'와 'praos(녹색/친환경)'에서 유래한 이름으로, 고성능·저전력을 동시에 추구한다는 의미를 담고 있다. 첫 제품은 엑시노스 4210이었고, 듀얼 코어 Cortex-A9 구조를 채택해 당시 경쟁작인 퀄컴 스냅드래

곤과 동등 수준이었다. 이후 엑시노스는 멀티코어, GPU 통합, 4G/5G 모뎀 연계 등과 같은 진화를 거듭했다. 2012~2014년, 쿼드코어, 옥타코어 구조를 도입하며 갤럭시 S3, S4, S5 등에 적용되었다. ARM의 빅리틀 아키텍처(Big-Little Architecture)를 일찍 도입해 저전력·고성능을 달성했다. 2015년, 엑시노스 7420은 14나노 FinFET 공정 기반 세계 최초 스마트폰 칩으로, 당시 성능에서 퀄컴을 앞서기도 했다.

2016~2018년, 자체 GPU 개발 시도(코드명 Mongoose CPU, Mali GPU 병행)와 함께 성능 향상을 꾀했으나, 발열 및 전력 효율 문제로 포기하게 된다. 2021년, AMD RDNA2 GPU가 탑재된 엑시노스 2200을 발표했지만, 초기 성능 최적화 부족과 발열 문제로 기대만큼 성과를 내지 못했다. 2023년에는 발열 및 성능 우려로 채택되지 못했고, 2024년에는 유럽과 인도 등 일부 제품에만 제한적으로 사용되었다. 2025년에는 3나노 2세대 GAA 공정의 수율 문제로 엑시노스 2500이 갤럭시 Z플립7에만 채택되었다.

엑시노스 2500 적용은 미국 퀄컴에 대한 의존도를 낮추고 재무 개선에 기여하고자 함이다. 삼성전자의 작년 모바일 AP 구매 비용은 10조 9천억 원으로, 5년 전인 2020년과 비교하면

두 배 가까이 늘었다. 퀄컴이 신제품을 출시할 때마다 가격을 30%씩 올린 영향이다.

스마트폰 가격을 낮추기 위해서도 자체 개발 AP가 필요하다. AP는 스마트폰 부품 중에서 단가가 가장 높아 자체적으로 AP를 채용해야 원가를 낮출 수 있다. 삼성의 엑시노스를 적은 물량이라도 갤럭시에 채택하는 것은 매우 좋은 전략이다. 그래야만 퀄컴 종속에서 벗어날 수 있다.


## 시스템반도체 산업 3세대(2022년~현재)
## : AI 반도체의 등장으로 AI 시대 본격화

2016년은 알파고 쇼크로 세상을 흔든 시기였다. 그 이후로 국내에 클라우드용 AI 반도체는 퓨리오사AI(2017년), 리벨리온(2020년)이 온디바이스 AI용으로는 딥엑스(2018년), 모빌린트(2019년), 보스반도체(2022년) 등의 AI 반도체 스타트업이 탄생했다. 이 기업들은 시장 공략을 확대하고 있지만 사업화에는 아직 어려움이 많다. 수요처 확보가 쉽지 않기 때문이다. 국산 AI 반도체는 대기업이 아니고 대부분 스타트업 팹리스가 개발하고 있다. 미래 성장 잠재력에 힘입어 대규모 투자 유치에 성공했지만, 엔비디아 등 글로벌 AI 반도체 기업과 견주면 여전히 여력이 부족하다.

클라우드용 AI 반도체는 4~5나노 공정을 사용해야 하고 초미세 회로 구현을 위한 설계 자산(IP), 설계자동화(EDA) 툴 구매 비용 등 설계 비용은 매우 비싸다. 첨단 AI 반도체 칩 하나를 설계하려면 수백억 원 규모의 R&D 비용이 소요되는 것도 이유다. AI 반도체 시장 80~90%를 차지한 엔비디아가 AI 시장을 주도할 수 있었던 것은 개발 생태계를 선제적으로 구축했기 때문이다. 엔비디아는 칩 설계 기술력뿐만 아니라 AI 반도체를 구동할 수 있는 소프트웨어 개발까지 독자 확보했다. 바로 2007년 출시해 오랜 기간 공을 들인 '쿠다(CUDA)'라는 소프트웨어 플랫폼이다.

AI 반도체 개발은 AI 칩뿐만 아니라 이를 구현할 소프트웨어, AI 모델을 모두 기술력을 갖추어야 한다. 실제로 칩 설계는 전체의 30~40% 수준을 차지할 정도로 소프트웨어 비중이 크다. 데이터센터 시장 대비 상대적으로 진입 장벽이 낮은 온디바이스 AI 시장을 노리는 것도 한 방법이다. 상대적으로 온디바이스 AI 업체들의 수요처 발굴이 더 쉽고 성장세도 가파를 것으로 예상한다. 특히, 시스템반도체 불모지로 평가받던 우리나라가 새로운 가능성을 보여 줄 수 있는 절호의 기회로 여겨진다.

우리 기업은 엔비디아와 달리, 딥러닝 등 AI 연산에 특화된 NPU 반도체에 집중하고 있다. 현재 주로 쓰이고 있는 엔비디아의 GPU에 비해 범용성은 다소 떨어지지만, 추론에 필요한 연산을 저전력으로 빠르게 처리할 수 있어서 전성비(전력 대비 효율 성능)가 좋다는 점이 장점으로 꼽힌다.

퓨리오사AI는 2024년에 레니게이드라는 2세대 제품을 출시했다. SK하이닉스의 4세대 고대역폭메모리(HBM)인 HBM3가 적용됐다. 엔비디아의 추론용 AI 반도체 'L40S'와 성능은 비슷하지만, 전력 효율은 두 배 이상 높다. 최근에는 LG AI 연구원과 협력해 초거대언어모델 '엑사원(EXAONE) 4.0' 기반 인프라 구축에 참여하고 있다. 리벨리온은 SK텔레콤의 주요 AI 서비스에 자사 NPU 아톰이 탑재된 서버를 SKT의 '에이닷 전화 통화 요약', 'PASS 스팸 필터링' 등에 테스트 진행 중이다.

딥엑스는 현재 로봇, 물리 보안 시스템, 산업용 솔루션, 서버 등 다양한 응용 분야에 특화된 'DX-M1' 솔루션을 글로벌 고객사 20여 곳과 검증하고 있으며, 최근에는 중국 바이두의 드론과 로봇에 공급하기로 했다. 모빌린트의 '에리스칩'은 AI 추론 연산을 위한 NPU로 최대 80 TOPS(1 TOPS는 초당 1조 번의 연산)의 연산 성능을 갖췄다. 그리고 '레귤러스칩'의 연산 성능은 10 TOPS로 에리스칩의 8분의 1 수준이지만, 소모 전력은 3~5W에 불과해 저전력으로 복잡한 추론을 처리할 수 있다. 보스반도체는 자동차·로봇용의 고성능 인공지능 연산을 위한 AI 반도체에 특화된 기업이다. 이 회사의 최대 경쟁력은 '칩렛'이다. 국내 최초로 '이글 N(Eagle-N)'이라는 차량용 칩렛 기술을 적용한 샘플을 선보였다.

# 애플과 테슬라가 시스템반도체를 개발하는 이유

애플과 테슬라는 시스템반도체를 자체 개발한다는 공통점이 있다. 제품에 기존 범용 반도체를 사용하면 차별화된 성능을 갖기 어렵고, 타사와의 경쟁에서 이길 수 없기 때문이다. 기존 범용 반도체는 말 그대로 범용성은 뛰어나다. 하지만 제품 서비스 구현에 필요한 고성능 연산이 어렵고, 필요한 특정 용도에 맞게 적용하기에는 비효율적이라는 단점이 있다.

기성복에 비유되는 메모리반도체와 달리, 시스템반도체는 고객의 주문에 따라 만드는 맞춤복에 비유된다. 시스템반도체에서 '시스템'의 의미는 '제품(세트)'을 뜻한다. 그러므로 제품을 만드는 제조사가 고객이다. 시스템반도체 시장은 전체 반도체 시장의 약 65%를 차지할 정도로 큰 규모로 성장했다.

본래 반도체 칩 개발은 반도체 회사만의 전유물이었지만, 반도체 기술 발전으로 설계와 제조의 분리가 가능해졌다. 반도체 설계는 시스템을 잘 아는 제품 제조사의 상품 개발자가 직접 맡게 됐고, 반도체 회사는 칩을 제조하는 형태의 새로운 역할 분담이 이뤄지게 됐다. 시스템반도체 산업이 설계 전문기업(팹리스)과 제조 전문기업(파운드리)으로 나뉜 배경이다. 이제는 제품 제조 기업들이 팹리스 업체와 손잡고 반도체 설계를 주도하고, 반도체 제조는 파운드리 업체 선택을 통해 얼마든지 가능해졌다. 이 때문에 많은 글로벌 제조 기업들이 자체 시스템반도체 개발에 나서고 있다.

## 자체 반도체 탑재로 성능 높인 애플과 테슬라

대표적인 기업이 애플이다. 애플은 세계 최고의 시스템반도체 개발사라고 말해도 손색이 없다. 애플은 PC에 들어가는 칩을 공급하는 인텔과 결별하고 자체 시스템반도체 개발에 성공했다.

그 결과물이 2020년 11월에 공개한 애플의 컴퓨터인 맥(Mac)에 들어가는 'M1'이라는 고성능 시스템반도체 칩이다. M1은 CPU와 GPU, NPU, RAM(메모리) 등을 하나의 칩으로 통합한 시스템반도체다. 이 반도체 칩은 모바일 프로세서에 주로 쓰던 TSMC 5나노 미세공정을 적용해 칩 면적은 줄이면서 전력 효율성은 높였다.

애플은 그 후에도 M1 프로, M1 울트라를 내놓았고, 마침내 M2를 내놓았다. M2는 기존 M1 대비 CPU 속도를 18%, GPU 성능은 35% 끌어올린 제품이다. 이어, 더욱 성능을 높인 M3 시스템반도체 칩을 2023년 6월 내놓았다. M3와 M3 프로, M3 맥스의 세 종류다. M3 시리즈는 TSMC 3나노 공정으로 제작되었다.

애플은 시스템반도체부터 운영체제(Operating System, OS), 하드웨어까지 자신들이 원하는 성능을 발휘하기 위한 기술을 독자 개발하고 있다. 애플이 자체적으로 AP 개발을 시작한 시기는 2008년 4월, 저전력·고성능 프로세서 설계 전문 기술을 가지고 있는 PA세미(P.A. Semi)라는 팹리스를 인수하면서 부터다.

이 시기 애플의 부사장이면서 반도체 업계의 레전드로 손꼽히는 짐 켈러의 주도하에 A4, A5칩을 성공적으로 개발하게 된다. 이후 2012년에 짐 켈러는 애플을 그만두고 AMD(어드밴스드 마이크로 디바이시스)로 이직하지만, 애플은 계속해서 최고의 전문가를 영입하면서 최고의 AP 개발 기술력을 갖추게 된다.

아이폰의 현재 최신 모델은 아이폰15인데, 고급형 아이폰 15 프로와 프로맥스에는 A17 프로가 탑재되어 있다. 애플이 AP를 자체적으로 만들어서 자사 제품에 사용하고 있는 이유는 화웨이, 오포, 비보, 샤오미 같은 중국 기업들이 가성비(가격 대비 성능)를 앞세워 중저가 폰 뿐만 아니라, 프리미엄 폰에도 도전하고 있어서다. 애플은 중국 기업들의 공세에 대응하기 위해 자사 프리미엄 폰 성능을 높이고, 차별화된 기능을 넣기 위해 자체 시스템반도체를 개발하는 것이다. 삼성이 엑시노스를 자체 개발하는 이유도 동일하다.

그러나 중국 화웨이는 자회사인 하이실리콘에서 AP를 자체 설계했고, 중국 파운드리 기업 SMIC에서 제조했다. 화웨이의 기술력도 대단하다(상세한 내용은 2장 '7나노 반도체 탑재한 화웨이 스마트폰' 글 참조). 따라서 화웨이도 AP칩 설계, 소프트웨어, 제품 개발 능력을 보유하고 있는 회사라 할 수 있다.

물론 자체 반도체 칩을 개발하는 회사가 애플만 있는 게 아니다. 테슬라도 자사 차량에 완전자율주행(Full Self Driving, FSD) 시스템반도체 칩을 자체 개발해서 사용하고 있다. 자율주행차의 핵심은 시스템반도체와 구동하는 소프트웨어에 있다. 차량 전방에 보행자나 장애물이 있다면 그것을 피해 갈 것인지, 그냥 갈 것인지, 혹은 어떤 길이 안전한지 위험한지 등을 판단하는 것이 매우 중요하다. 테슬라는 자율주행 기술을 구현하는 반도체와 소프트웨어를 모두 독자 개발한다.

사업 초기에는 모빌아이, 엔비디아에 의존했지만 2019년부터 자율주행 관련 반도체와 소프트웨어를 자체적으로 개발하고 있다. 이것이 테슬라가 전기차 및 자율주행차 업계에서 최고 회사로 인정받게 된 이유다. 또한 테슬라는 팬데믹 기간 중 반도체 공급난의 피해를 가장 적게 본 업체로도 꼽힌다. 자체 개발한 시스템반도체를 사용해 원활한 물량 확보가 가능했기 때문이다. 테슬라는 여러 가지 기능을 통합한 한 종류의 시스템반도체를 사용하지만, 타사는 스피커 제어, 음성인식 등 각 기능에 따라 다른 많은 종류의 시스템반도체 프로세서 칩을 사용한다.

이 밖에도 아마존과 구글의 알파벳, 마이크로소프트도 클라우드용 시스템반도체 칩 개발에 나서고 있다. 그 이유는 좀 더 싸게 자사 서비스에 최적화한 반도체를 확보하기 위해서다.

## 제품 제조사 팹리스와 원팀으로
## 반도체 개발이 필요하다

삼성전자가 TV 분야에서 전통적 강자였던 일본의 소니를 이길 수 있었던 것은 TV 기술이 아날로그에서 디지털로 바뀌는 시기에 자체 개발한 시스템반도체를 탑재하는 등 발 빠르게 대응했기 때문이다. 대만의 팹리스 업체인 미디어텍의 성공 요인도 5G 스마트폰 통신 규격 변화 시기에 5G 반도체 칩을 가장 빠르게 오포, 비보, 샤오미 같은 기업에 제공한 점이다. 4차 산업혁명으로 대표되는 IoT와 AI 기술은 자율주행차, 스마트팩토리, 스마트시티, 디지털 헬스케어 등 새로운 미래 먹거리 사업을 만들었다. 이러한 미래 사업의 경쟁력은 시스템반도체에서 나온다.

최근 산업의 핵심 키워드로 등장한 메타버스(Metaverse, 현실과 가상이 혼합된 세계)가 본격화하면 대용량 데이터 처리와 연산이 필요해져 메모리반도체와 고성능 프로세서 시스템반도체 수요가 급증할 것이다. 시스템반도체는 제품을 만드는 기업이 주도해야 한다. 시스템의 창의적인 아이디어 원천은 제품에서 나오기 때문이다. 그리고 팹리스와 긴밀하게 한 팀이 되어 시스템반도체를 개발해야 한다. 삼성전자는 모바일경험(MX)사업부(세트)와 시스템LSI사업부(반도체)가 공동으로 긴밀하게 TF팀을 구성해서, 2025년부터는 애플을 넘어서는 갤럭시 전용 AP 상용화 목표를 세우고 노력하고 있다는 소식도 들린다. 이는 시스템반도체 1등을 위한 당연한 행보다. 애플과 테슬라 같은 미국 기업들이 자체 시스템반도체 개발에 집중한 것은 반도체가 제품 경쟁력의 중요한 부분을 차지하기 때문이다.

우리나라는 세계 6위의 제조업 국가다. 제조업 발전을 위한 전략에는 시스템반도체의 자체 개발이 반드시 함께 고려되어야 한다. 제품 사업과 시스템반도체 사업을 동시에 바라봐야 한다.

# 중국 팹리스 성장과 위협,
# 그 해법은?

시장조사업체인 트렌드포스가 2024년 세계 팹리스 반도체 기업 TOP10을 발표하였다. 1위는 전년 대비 125%의 기록적인 성장을 기록한 NVIDIA(미)가 차지했으며 2위는 13% 성장한 퀄컴(미), 3위는 8% 성장한 브로드컴(미)이 차지했다. 한국은 LX세미콘이 9위에 포함되어 있다.

국내 팹리스 기업 상위 10개 사(최근 2023~24년 매출 기준)는 국내 유일의 조 단위 팹리스 기업인 LX세미콘과 그 뒤를 이어 어보브반도체, 제주반도체, 텔레칩스, 에이디테크놀로지, 픽셀플러스, 피델릭스, 아나패스, 동운아나텍, 티엘아이 등이다.

LX세미콘이 압도적인 선두이며, 나머지 9개 사는 매출 400억
~2,400억 원 사이로 분포한다. 국내 팹리스는 1조 원대 매출의
LX세미콘을 제외하면 대부분 매출 수백억~2천억 원대의 중
소·중견기업이며 글로벌 시장에서의 점유율은 약 1% 내외 수
준이다.


## 중국 팹리스 양과 질 모두 앞서고 있다

우리나라와 비교해 중국 반도체 산업 경쟁력이 더 뛰어난 분
야를 한 가지만 꼽는다면 시스템반도체 설계 분야이다. 이 설
계 분야는 팹리스의 능력이 어느 정도 인지를 보면 알 수가 있
다. 미국의 중국 규제로 초미세 반도체 제조 장비 도입이 어려
워진 상황이지만 팹리스 기반을 더욱 탄탄하게 다져 놓았다.
양적이나 질적인 면에서 우리나라를 압도한다. 중국 팹리스 기
업은 2024년 기준으로 3,626개(한국은 약 130개)의 20배가 넘는다.
대표적인 중국의 팹리스는 91년 설립된 화웨이 자회사인 하
이실리콘이다. 비상장이고 삼성처럼 종합 IT 기업에 속한 자
회사이기 때문에 상세한 정보가 공개되지 않지만, 마지막으

로 공개된 2019~2020년에 이미 7조 정도의 연간 매출을 하고 있었기 때문에(비록 미국의 제재로 TSMC에서 대규모 생산을 못 하긴 하지만) 그 이상을 유지하고 있다고 추정되고 있다. 2020년 미국의 제재로 대만 TSMC가 하이실리콘의 반도체 생산을 중단하며 어려움을 겪기도 했지만, 중국 최대 파운드리(반도체 위탁생산) 기업 SMIC와 자체 생태계를 구축해 기술 격차를 좁히고 있다.

하이실리콘은 2023년 화웨이의 스마트폰 메이트 60 프로에 들어가는 7나노 애플리케이션 프로세서(AP) '기린9000s'를 설계하여 양산에 성공했다. 또한 화웨이는 구글 안드로이드를 쓰지 않고 있고, 스마트폰 운영체제(OS)로 자체 개발한 '하모니(鴻蒙)'를 쓴다. '하모니'는 스마트폰뿐 아니라 자동차, TV·태블릿·생활가전 등 가전, 스마트팩토리 구축 등과 연계하면서 확대하고 있다. 중국의 큰 시장을 기반으로 IT 생태계 토대가 만드는 중요역할을 수행할 수 있다. 또한 AI 반도체 분야도 빠른 속도로 성장하고 있다. 2025년 중국 AI 스타트업 딥시크(Deep-Seek)의 저비용 추론 AI 모델 'R1'에 훈련 단계에선 엔비디아의 AI 가속기 'H100'보다 성능이 낮은 'H800'을 사용했지만, 추론 단계에선 하이실리콘의 '어센드 910C' 2,000개로 성능을 구현한 것으로 알려졌다. 어센드 910C는 두 개의 어센드 910B 다이와 HBM을 결합한 제품이다.

AI 반도체 개발에 특화된 팹리스들이 있는데, 화웨이의 하이실리콘을 필두로 캠프리콘(Cambricon), 호라이즌 로보틱스(Horizon Robotics), 알리바바(Alibaba), 바이두(baidu) 등 열거하기 어려울 정도로 많다. 캠프리콘은 2016년 설립한 회사로 엔비디아 AI 칩의 대체재로 주목받고 있다. 데이터 센터용 AI 칩을 개발하고 있다. 중국 정부가 엔비디아 H20 대신 자국 반도체를 사용하라고 압박을 넣을 정도로 기술력을 인정받고 있다. 2025년 상반기 흑자를 기록하며 시장 점유율 확대 중이다.

중국의 자율주행차용 온디바이스 AI의 대표회사로 호라이즌 로보틱스가 있다. 2015년 설립해서 고속 성장 중이다. 첨단 운전자 보조 시스템(ADAS)과 자율주행 칩을 개발하고 공급한다. 비와이디(BYD)를 비롯해 리오토, 니오, 체리자동차, 지리자동차, 장안자동차, 상하이자동차 등 중국 10대 완성차 기업에 솔루션 공급하고 있으며 중국 시장에 진출한 보쉬, 콘티넨탈, 덴소, 발레오, 앱티브 등 글로벌 상위 티어-1 공급업체와 협력 중이다. 호라이즌의 차세대 자율주행 칩인 저니 6P(Journey 6P)는 연산 능력 560 TOPS 수준으로 중국 시장에서 화웨이의 어센드 610(Ascend 610, 160 TOPS) 칩과 엔비디아의 오린-X(Orin-X,

254 TOPS) 칩의 경쟁 제품이 될 전망이다.

중국은 자국 AI 전문 팹리스를 잘 키워내고 있다. 10년 만에 글로벌 수준의 기업으로 성장한 중국의 대표 팹리스인 호라이즌 로보틱스, 캠브리콘의 사례를 보면서 부러움을 가지게 된다. 대기업의 경험을 바탕으로 창업하거나 교원 창업의 경우이다. 창업 멤버들이 AI 관련 기술력을 가지고 있고 CEO가 뛰어난 AI 전문가라는 것은 공통점이다.

2015년 설립한 호라이즌 로보틱스의 창업자이자 CEO는 위카이 박사이다. 바이두에서 딥러닝 연구 부문 설립자이자 책임자였다. 호라이즌 로보틱스는 설립 당시인 2015년 세콰이어 캐피털 차이나(Sequoia Capital China), 힐하우스 캐피털(高瓴资本), 리니어 캐피털(Linear Capital) 등 최고의 투자자로부터 주목을 받았던 유망주였다. 캠브리콘은 2016년 3월, 중국과학원(CAS) 교수였던 천톈시(陈天石)가 설립했다. 초기에 벤처캐피털과 알리바바, 아이플라이텍 등 빅테크로부터 거액을 투자받았다. 중국 팹리스는 정책적 보호 속에서 성장했다. 중국은 보조금·펀드·전략 투자·지방정부 인센티브로 지원했다고 알려져 있다.

# 차별된 맞춤형 온디바이스 AI 반도체 집중할 시기

중국 정부는 '제조 2025'를 10년 전에 제시하고 첨단 산업을 집중, 육성했다. 그동안 시스템반도체 설계 능력을 꾸준히 키워 왔고, AI 시대가 열리면서 중국은 AI 반도체 설계 분야에서 강력한 힘을 발휘 할 것으로 보인다.

그렇지만 우리에게도 기회가 왔다. AI 시대의 새로운 시작은 너무나 좋은 시간이다. 온디바이스 AI 반도체에 집중할 시기이다. 현재 우리나라는 세계 6위의 제조업 강국이다. 우리의 강점인 제조업이 있고, AI 반도체를 활용할 시장도 있다.

글로벌 온디바이스 AI 반도체 경쟁은 이제 막 시작 단계라고 볼 수 있다. 지금이 바로 골든 타임이다. 앞으로 5년 기간이 매우 중요한 시기라고 본다. 글로벌 경쟁력과 호환성을 갖춘 AI 반도체, AI 모델 및 프레임 워크, SDK 등 풀스택 상용 수준을 개발해 낼 세계 수준의 기업들을 키워내야 한다. 양보다는 질 위주의 전문화된 AI 반도체 팹리스를 육성하자. 분야별로 특화하자. 자동차, 휴머노이드, IoT 가전, 방산 등 집중적으로 육성하면 된다.

또한 시스템 수요기업(세트)-팹리스-파운드리 연계를 통한 온디바이스 AI 반도체 생태계가 만들어져야 한다. 정부와 산업계가 해야 할 일은 계획은 구체적이어야 하고 온 힘을 다해서 실천해야 한다. 국내 팹리스는 수요기업의 단순한 기술 용역 개발을 맡는 것이 아니라, 수요기업과 함께 성장하는 파트너형 구조를 만들어야 한다.

중국 팹리스와의 직접적인 경쟁보다는 좀 더 다른 차별화 전략으로 가야 한다. 바로 맞춤형이다. 철저하게 차별화된 가능과 성능을 가지고 있어야 한다. 이를 위해서 3~5년을 내다볼 수 있는 칩 기획 능력을 갖추어야 한다. 이는 삼성전자, 현대차, LG전자, 두산 같은 대기업 수요기업(세트)이 해야 한다. 첫 단추를 잘 끼우는 일이다. 그리고 필수적인 현실 데이터 확보, 칩 실증 공동 진행, 온디바이스 AI 반도체 국제 인증·표준 마련 등을 적극적으로 협력해야 한다. 철저하게 분야별로 전문화한 팹리스를 육성하자. 그리고 맞춤형 온디바이스 AI 반도체 개발에 집중하자.

# 시스템반도체 1등의 열쇠, 시스템 아키텍트를 키워라

삼성전자는 2022년, 갤럭시S22 관련 GOS(Game Optimizing Service, 게임 최적화 서비스) 논란으로 곤욕을 치렀다. GOS는 게임 애플리케이션의 해상도와 초당 프레임 수, 화면 밝기, CPU 및 GPU 성능 등을 소프트웨어로 제어해서 스마트폰의 발열을 낮추는 방법을 말한다. 문제는 갤럭시S22에서 GOS를 가동할 경우, 해상도와 속도가 최대 50% 가까이 저하되는 것으로 나타나 논란이 되었다.

스마트폰 발열의 주된 요인은 디스플레이, 반도체 부품에서 주로 발생하게 되는데, 사용자가 게임을 하거나 동영상을 시청할 때 생긴다. 특히 고성능 게임을 수행할 때 발열이 심각해진다. 스마트폰의 컴퓨팅 자원을 가장 많이 사용하기 때문이다. 반도체 발열은 구동 속도에 비례하고, 전원 전압에는 제곱에 비례하므로 외관 제품의 온도가 너무 급격히 올라가면 이를 검출한 후에 구동 속도와 전원 전압을 낮추는 방법으로 발열을 줄이게 된다.

사실 GOS는 갤럭시S7 이후부터 탑재돼 있었다. 해당 기능이 있다는 걸 소비자가 알고 있었고, 비활성화할 수도 있었다. 하지만 갤럭시S22 시리즈부터는 GOS 탑재가 의무화되면서 GOS 기능을 끄는 것이 불가능해졌다. 스마트폰의 안전을 위해 필요한 조치였지만 과도한 성능 제한이었다. 사용자의 선택이 불가능한 상태의 GOS 강제 적용은 소비자의 불만을 샀다.

삼성전자는 소비자에게 GOS 성능을 정확하게 고지하지 않은 이유로 곤욕을 치렀지만, 사실상 GOS 사태의 원인을 찾아보면 스마트폰에 사용되는 핵심 시스템반도체인 AP가 주요 원인 중 하나다.

갤럭시S22 시리즈에는 시스템반도체로 퀄컴의 스냅드래곤 8 1세대와 삼성의 엑시노스2200이 병행 사용됐는데, 두 칩 모두 발열을 해결하지 못했다는 지적을 받았다. 삼성은 애플처럼 자체적으로 스마트폰을 위한 AP를 만들어 문제를 해결하겠다는 방안을 제시했었다. 그리고 전작인 엑시노스2200에 이어서 2년 만에 엑시노스2400을 성공적으로 개발했고, 갤럭시 S24 시리즈에 적용했다. 지역별로는 차이가 있지만, 엑시노스 2400과 퀄컴의 스냅드래곤8 3세대를 사용했다. 이는 수많은 노력의 결과로, 삼성전자가 엑시노스 칩의 성능을 대폭 향상했다는 평가를 받을 만하다.


## 스마트폰 두뇌 AP


스마트폰은 전화 기능이 있는 꺼지지 않는 손안의 개인 컴퓨터로 비유된다. 컴퓨터가 가지고 있는 CPU 보드, 그래픽 보드, 랜 카드, 사운드 카드를 반도체 칩으로 만들어서 스마트폰 안으로 가져왔다. 운영체제는 리눅스, 파일시스템을 사용한다.

과거 휴대전화는 전화 통화가 주된 기능이었기 때문에 모뎀 칩이 중요한 역할을 했다. 기지국과 휴대전화 간의 통신이 모뎀 칩의 주된 기능이다. 하지만 스마트폰의 등장으로 개인 컴퓨터의 고정 환경이 이동 환경으로 바뀌었다. 그래서 인터넷 기반의 소셜미디어, 쇼핑, 결제 수단 같은 많은 응용 소프트웨어를 사용할 수 있게 됐다. 스마트폰에서는 모뎀 칩 이외에 별도의 중요한 시스템반도체가 필요하게 됐다. 이것이 바로 AP이다. 스마트폰에 있는 많은 다른 부품을 전체적으로 제어하므로 사람의 두뇌에 비유하기도 한다. 요즈음 AP에는 모뎀 칩이 내장돼 있다.

AP는 크게 CPU, GPU, NPU 등 세 가지가 기본 코어로 구성된다. CPU는 운영체제를 실행해 웹브라우징이나 게임 등 스마트폰의 핵심 기능을 수행한다. 모든 제어 기능을 담당하며, 운영체제를 비롯한 전체 소프트웨어가 수행되는 장소다. CPU는 내재된 CPU의 종류, 개수, 속도에 따라서 성능이 달라진다. 사용되는 CPU는 영국의 ARM(암) 제품을 사용한다. 삼성의 AP인 엑시노스의 경우, 갤럭시S1에서는 1개, S2 2개, S3 4개, S4 이후는 현재 S24까지 8개를 사용하고 있다.

GPU의 역할은 그래픽과 영상 데이터를 화면에 표시해 주거나 게임의 3D 그래픽을 처리하는 것이다. 최근에는 GPU의 성능이 무척 중요해졌다. NPU는 인공지능 전용 코어다. 딥러닝 모델을 기존의 CPU, GPU만으로 구현하려면 전력이 너무 많이 소모되고 비효율적이어서 별도의 가속기가 필요하다. NPU

는 인공지능의 알고리즘을 효율적으로 처리해 내며, 대용량 정보를 동시다발적으로 연산 가능하다.

AP는 대표적인 시스템반도체다. 칩 안에는 앞서 설명한 CPU, GPU, NPU 코어 이외에 많은 기능을 처리하는 블록들이 있다. AP는 아키텍처(Architecture, 컴퓨터 시스템 전체의 설계 방식)가 매우 중요한데, 이것은 도시 전체나 건물들의 내부에 비유할 수 있다. 과거 건물들은 복잡하고 비효율적이었지만 요즘은 간단하고 효율적인 건물을 짓는다. AP의 아키텍처도 이와 같다. 성능은 우수하고 발열이 적은 아키텍처를 개발해야 한다. 아키텍처 설계가 끝나면 도면을 이용해서 건축하는 것은 어려운 일이 아니다. 시스템반도체 설계도 마찬가지다.


## 시스템반도체, 아키텍트를 키워라

시스템반도체 설계를 위해선 어떤 인재가 필요할까? 개별적인 핵심 기술 확보도 중요하지만, 가장 중요한 것은 시스템반도체 전체 시스템 관점에서 큰 그림을 그리고 각 기술을 최적화하면서 새로운 가치를 만들어 내는 인재이다. 이런 역량을 가지고 있는 전문가를 시스템 아키텍트(System Architect, SA, 아키텍처를 만드는 사람)라고 부른다.

시스템 아키텍트는 반도체 칩과 소프트웨어로 구성된 전체 시스템을 기획하고, 상위 수준의 개념설계를 한다. 시스템 아키텍트는 글을 쓰는 작가와 같다. 이러한 시스템을 개발한다는 것은 문학작품 또는 글을 쓰는 과정과 같다. 설계할 때 표현 도구로서 언어들이 존재하고, 다양한 목적과 형태에 따라 쓰인다. 이렇듯 일련의 칩을 설계하는 과정들은 글을 쓰고 완성하기까지의 과정에 비유할 수 있다.

우리는 자기 생각을 언어를 기반으로 표현하고 이를 글로써 남겨 공유한다. 즉 문학작품 또는 글이라 불리는 것들은 언어 문법과 표현양식에 따라 표현되지만, 그 자체는 인간 사고의 결정체다. 좋은 생각이 있다고 해서 꼭 좋은 글이 나오는 것은 아니지만, 좋은 생각이 없으면 아무리 글을 다듬어도 좋은 글이 나올 수가 없다. 글을 쓸 때 '생각이 있다'는 것이 소프트웨어나 하드웨어 개발에서는 '시스템의 규격을 정하고 알고리즘을 개발'하는 것이고, 이 과정이 시스템반도체 개발에서는 아키텍처 설계 단계에 해당된다. 그 후 '글로 옮겨서 완성'하는 것이 '반도체 칩을 세부 설계'하는 것에 해당한다.

건축도 마찬가지다. 도시나 집을 짓는다고 가정할 때, 그곳에 살 사람의 생각과 성격을 반영하고 그것에 건축가의 예술성이 감안되면 훌륭한 건축물이 만들어지게 될 것이다. 훌륭한 건축가는 창의적인 사고를 하고 있고, 건물에서 거주하는 사람의 행복을 먼저 생각할 것이다. 문학작품을 만드는 것도 시작 단계에서 등장인물을 정하고, 이들의 관계 설정을 통해서 어떤 이야기로 전개하고 어떤 결말을 맺을 것인가가 중요한 것처럼 말이다.

스마트폰은 계속해서 고성능으로 진화하고 있다. 모바일용 AP는 고성능을 유지하면서 칩의 발열을 줄이는 것이 목표가 됐다. 이는 반도체 칩의 규격을 정하고 아키텍처를 정하는 시스템 설계 단계에서 판가름 난다. 이 단계에서 칩의 중요한 기능, 성능이 정해지기 때문이다. 그 다음 단계는 도면을 보고 건축하는 일이다.

시스템반도체에서의 아키텍트는 시스템 전체를 꿰뚫고 있는 핵심 인재다. 하드웨어와 소프트웨어를 두루 경험하고, 반도체 칩에 사용되는 알고리즘도 잘 알아야 한다. 또한 그 칩이 사용되는 제품에 대한 이해도 있어야 한다. 시스템 아키텍트 육성이 결코 쉽진 않지만, 장기적인 계획을 세우고 인재를 키워야 한다. 결국 시스템 아키텍트가 시스템반도체 1등의 열쇠를 쥐고 있기 때문이다.

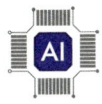

# 시스템반도체
# 생태계 구축이 필요하다

우리나라 팹리스는 전 세계 점유율이 1% 정도로 매우 미미한 수준을 차지하고 있다. 우리나라가 시스템반도체 설계 능력을 키워야 하는 이유는 이 산업이 단순히 시장 규모가 커서가 아니다. 제품(세트) 경쟁력의 열쇠를 쥐고 있기 때문이다. 애플과 테슬라가 시스템반도체를 직접 만드는 것은 자사 제품의 차별화 목적이다.

 팹리스와 파운드리는 시스템반도체 제조를 이루는 두 개의 큰 기둥이다. 팹리스가 설계하면 파운드리가 생산한다. 마치 바늘과 실의 관계처럼 팹리스와 파운드리의 관계는 떼려야 뗄 수 없다. 그런데 반도체를 설계하는 팹리스와 생산하는 파운드리만 있다고 칩이 나오지는 않는다. 파운드리 공정에 걸맞게 설계 최적화 작업이 필요한데, 이를 뒷받침하는 것이 디자인하우스이다. 디자인하우스도 제대로 키워야 한다. 팹리스 - 디자인하우스 - 파운드리로 이어지는 생태계 구축이 탄탄해야 한다.

반도체 인력 양성은 반도체 사업을 성공시키기 위해서 매우 중요하고 시급하다. 반도체는 한국 경제의 핵심 산업이지만, 인력 부족이 미래 경쟁력 확보에 걸림돌이 되고 있다.


## 팹리스 - 디자인하우스 - 파운드리 생태계 구축

시스템반도체의 전 생산 과정은 세계 각국에 분업화돼 있으며, 팹리스 - 디자인하우스 - 파운드리로 나눌 수 있다. 팹리스는 반도체 회로 설계를 담당하는 과정으로 설계에만 집중할 뿐, 직접 반도체 칩 생산을 담당하지는 않는다. 파운드리는 팹리스 기업으로부터 제조를 위탁받는 형식을 통해 반도체 칩 생산만을 담당한다.

전통적으로 디자인하우스는 팹리스가 설계한 것을 파운드리로 넘기는 가교 역할을 했지만, 지금은 디자인하우스의 역할이 훨씬 더 커졌다. 팹리스 기업이 설계한 것을 각 파운드리 생산 공정에 적합하도록 최적화된 디자인 서비스를 제공하는 역할을 하기 때문이다. 즉, 디자인하우스는 팹리스 업체가 설계한 반도체 설계 도면을 제조용 설계 도면으로 다시 디자인하는 역할이다.

대만의 TSMC는 VCA(Value Chain Alliance, 가치 사슬 동맹)라는 이름의 파트너 기업들이 있다. 전 세계 여덟 곳, 한국에는 한 곳이 있다. 이 회사들은 TSMC에 제조를 맡기려는 팹리스들의 반도체 설계를 돕고, TSMC를 대신해 연결 고리 역할을 한다. 삼성전자도 TSMC를 벤치마킹해서 디자인솔루션파트너(DSP) 9개 사를 확보하고 있다. 아직은 TSMC에 크게 못 미친다.

다시 한 번 강조하지만, 팹리스-디자인하우스-파운드리로 이어지는 생태계 구축이 탄탄해야 한다. 또한 웨이퍼 한 장에 여러 개의 연구개발용 칩 시제품을 올려서 제작할 수 있는 MPW(Multi Project Wafer) 지원도 정부가 체계적으로 해야 한다.

그 외에 생태계에 포함되어야 할 분야가 두 개 더 있다. 첫째는 설계자산(IP) 디자인하우스이다. 팹리스보다 밸류체인의 더

앞에 서 있는 반도체 기업이다. 전 세계에서 반도체 IP 기업으로 가장 유명한 곳은 CPU IP의 강자, 영국의 ARM이 대표적이다. GPU, 동영상을 압축해 주는 MPEG4 등 중요한 설계 블록들이 여기에 해당한다.

둘째는 반도체 패키징이라고 하는 후공정 분야도 매우 중요하다. 반도체 생산 이후 제품을 테스트하고 고객 입맛에 맞춰 가공·포장(패키징)을 하는 후공정이 매우 중요한 분야로 떠오르고 있다. 세계 1위 후공정 업체인 대만 ASE 그룹을 포함해, 세계 10대 후공정 업체 중 여섯 곳이 대만 업체일 정도로 막강하다.

## 무서운 기세의 중국 팹리스 기업들

한국과 비교해 중국 반도체 산업 경쟁력이 더 뛰어난 분야를 한 가지만 꼽는다면, 단연 팹리스다. 양적, 질적인 면 모두에서 우리나라를 압도한다. 중국 팹리스 기업 중 시가총액이 10조 원 이상인 기업만 일곱 곳에 달한다. 대표적인 회사는 화웨이 자회사로 이름을 알린 하이실리콘이다. 자사 화웨이 스마트폰에 들어가는 AP를 공급했지만, 현재는 미국 제재 등의 영향으로 2023년 매출이 80% 이상 급감했다. 이에 스마트카, 자율주행차와 함께 클라우드 서비스 등으로 주력 사업을 재편하고 있다.

최근 중국 팹리스 업계에서 가장 두각을 나타내고 있는 기업은 바로 유니SOC다. 칭화유니그룹이 지난 2013년, 중국 내 팹리스인 스프레드트럼과 RDA마이크로일렉트로닉스를 인수하며 탄생한 유니SOC는 AP 시장에서 아주 잘하고 있는 기업이다. 5G 통합 AP를 생산하고 있으며, 2021년 AP 시장에서 삼성전자를 꺾고 4위에 올랐다. CIS(이미지센서) 전문 팹리스인 웨이얼은 스마트폰 CIS 시장에서 소니, 삼성전자에 이어 글로벌 3위다. 그 외 맥스샌드(Macscend)는 RF칩(무선주파수)과 LNA(저잡음증폭기) 전문기업으로, 5G 무선주파수 전단(front-end) 개별소자와 모듈 제품을 공급하고 있다.

중국 팹리스의 무서운 점은 이들 기업 외에도 수많은 기업이 시장에서 어느 정도 경쟁력을 확보하고 있으며, 계속해서 숫자가 늘어난다는 점이다. 중국 팹리스 산업의 성장세는 놀랍다. 2022년 중국 팹리스 산업 매출액(예상치)은 5,346억 위안(약 102조 원)으로 전년 대비 16.5% 성장했다. 2013년 매출액은 875억 위안(약 16조 6,000억 원)에 불과했는데, 9년 만에 6배 이상 성장한 것이다.

2023년 중국 팹리스 기업 수는 3,243개로 전년 대비 15.4%, 숫자로는 433개 사가 증가했다. 신규 진입하는 기업이 꾸준히 증가하고 있는 것이다.


## 국내 시스템반도체의
## 성공 추진 전략 세 가지


첫째, 시스템반도체 파운드리는 서비스 사업이다. 시장인 제품(세트)과 고객인 팹리스를 늘 바라보아야 한다. 메모리와는 다르게, 고객 확보에 남다른 노력이 필요하다.

팹리스 선두 주자인 퀄컴을 위협할 만큼 커진 대만의 팹리스 미디어텍의 성공 요인을 보면 답이 보인다. 미디어텍은 2020년 이후, 5G라는 스마트폰 통신규격 변화 시기에 5G 칩을 가장 빠르게 오포, 비보, 샤오미 등 스마트폰 기업에 제공한 것이 주효했다. 스마트폰과 통신 시스템을 잘 아는 팹리스(미디어텍)와 파운드리(TSMC)와의 밀접한 협력관계가 성공 요인이다.

미디어텍이 시스템의 기능과 성능을 구현할 때 TSMC의 우수한 공정을 사용한 것이 도움이 됐다. 좋은 설계가 있더라도 파운드리와의 협업이 없다면 성과를 낼 수 없는 것이 시스템 반도체 산업 구조이다. GPU 최고 기업인 엔비디아도 스타트업 때부터 TSMC와 가까운 고객이다.

첫째는 삼성이 유념해야 할 사안이다. 삼성은 큰 물량 위주로 고객을 받다 보니, 미래의 잠재고객인 스타트업이나 대학 연구실을 놓친다. 국내외 단기 고객과 중장기 고객을 함께 고려해야 한다. 차별화된 시스템 아이디어를 찾아내고 시스템반도체 설계에 차별점을 반영하는 스타트업 시스템 기업이나 대학 연구실을 키우고, 초기부터 좋은 협력관계를 가져야 한다. 적은 물량이라도 제조해 주고, 그들과 함께 발전하고 성장한다는 생각을 가져야 한다. 우리나라에 뛰어난 팹리스가 생겨야만 삼성 파운드리의 경쟁력을 높일 수 있다.

둘째, 대학이 주관해야 할 체계적인 인력 양성이다. 인력은 반도체 사업을 성공시키기 위해서 매우 중요하고, 양성이 시급하다. 인력 부족이 시스템반도체 클러스터 경쟁력 확보에 걸림돌이 될 수 있다. 우리나라는 2000년대 초반부터 발생한 이공계 기피 현상으로 우수 학생의 공대 진학이 줄어든 지 벌써 20년 이상이 됐다. 우수한 학생이 반도체 분야로 많이 올 수 있는 유인책도 필요하다. 인력 양성에 있어서 중요한 점은 양보다는 질이다. 대학은 기업의 요구사항을 충분히 반영하여 실무형 반도체 인력을 키워야 한다.

또한 설계·전공정·후공정(패키징) 분야를 모두 고려해야 한다. 따라서 전자공학, 소프트웨어, 물리학, 화학, 신소재, 산업공학 등 관련된 많은 전공 분야 학과가 함께 노력해야 한다. 반도체학과라 명시된 학과만 반도체 인력을 양성하는 것이 아니다. 특히 대학원 반도체 교육은 획기적인 변화가 있어야 한다. 설계 분야는 사양을 정하고 시스템 설계부터 반도체를 구현해서 칩을 만들어 보고, 칩 테스트까지 실전 프로젝트를 필수화해야 한다. 그래야만 기업에서 제대로 활용 가능한 인력이라고 말할 수 있다. 또한 공정과 소재 분야도 실험과 실습을 강화해야 한다.

셋째, 정부는 용수·전기 등 인프라를 반드시 해결해야 한다. SK하이닉스가 2019년 120조 원 투자를 발표했지만, 용수 시설 구축 관련 여주시의 인허가 협의가 해결되지 않았다. 결국 2022년 11월에야 해결되면서 2027년이 돼야 공장이 가동될 전망이다. 반도체는 속도전임을 알아야 한다.

# AI 반도체가
# 신제조업 성장의 기회다

기술 변화가 세상을 바꾼다. 세상 변화의 중심에는 늘 기술이 있다. 특히 전기·전자 분야 기술은 변화의 속도가 더욱 빠르다. 1980년대와 1990년대 세계 가전 시장을 주름잡았던 일본 소니는 늘 세계 최초의 고가 오디오·TV·컴퓨터 등으로 아날로그 전성시대를 이끌었지만, 디지털 시대로 오면서 상황이 달라졌다.

세계 시장에서 1위를 하고 있거나 높은 인기를 끌고 있는 우리나라 제품을 꼽아 보라면 휴대폰, 반도체, 자동차 등을 꼽는 사람이 많을 것이다. 그러나 실제로 이들보다 더 높은 시장 점유율로 부동의 1위를 차지하고 있는 제품이 TV다.

5년간 각고의 노력 끝에 삼성전자는 30년을 지배한 소니의 아성을 무너뜨리고 2007년 세계 1위에 등극했었다. 그 어렵다는 화질과 디자인 두 가지 모두 우위에 있었기 때문이다. 삼성의 보르도TV 성공 신화는 많이 알려져 있다. 브라운관 TV의 조기 단종과 LCD 중심 전략도 성공 요인이었다. 2004년부터 매출의 상당 부분을 차지했던 브라운관 TV를 접은 것은 프리미엄 이미지를 통한 미래 매출을 노린 전략이었다.

이렇듯 새로운 기술의 변화를 미리 읽고 준비하는 것은 성공의 요인이고, AI 시대로의 출발은 새로운 기회이다. 'CES 2024'를 휩쓴 화두는 AI였으며, 반도체 칩 제조사와 PC·스마트폰 제조사들도 AI를 활용한 제품을 앞다퉈 선보였다. 특히 삼성전자는 '모두를 위한 AI(AI for All)'를 선언하며 AI 기반 신제품을 전시했다. 디지털 기술이 등장하면서 모든 산업의 디지털화가 진행됐듯, AI 기술이 모든 산업에 확산하는 조짐이 감지됐다.

## AI 반도체의 등장

생성형 AI는 머신러닝(Machine Learning, 기계학습) 중 딥러닝의 일종이다. 그런데 딥러닝은 인간의 신경망을 본딴 ANN에서 발전한 개념이다. 인간의 뇌는 뉴런이라는 수많은 신경세포로 이루어져 있다. 뉴런은 신경세포체, 핵, 가지돌기, 축삭돌기, 시냅스 등으로 구성되어 있으며, 뉴런은 가지돌기에서 신호를 받아들이고, 이 신호가 일정 치 이상의 크기를 가지면 축삭돌기를 통해서 신호를 전달한다. 각각의 뉴런은 시냅스라는 연결 부위를 통해 수백수천 개의 다른 뉴런들과 연결되어 있다. 한 뉴런의 흥분은 시냅스를 통하여 다른 뉴런의 수상돌기로 전달된다.

ANN은 사람 또는 동물 두뇌의 신경망에 착안하여 구현된 컴퓨팅 시스템으로, 인간의 신경을 흉내 낸 딥러닝 기법을 말한다. 뇌의 뉴런과 유사한 정보 입출력 계층을 활용해 데이터를 학습한다.

ANN의 개념은 1960년대에 등장했지만, 2012년에 이르러서야 사람들의 주목을 받게 됐다. 그 이유는 데이터 학습 방법을 잘 모르고(알고리즘 이론 미비), 연산 능력이 부족(하드웨어 미비)했기 때문이다. 그중 전자의 문제는 캐나다의 제프리 힌턴 연구팀이 알렉스넷(AlexNet)을 통해 해결했고, 후자의 문제는 엔비디아의 GPU 사용으로 해결했다. 인간의 뇌를 모방한 AI 기술은 1960년대 이후 오랫동안 연구해 온 분야다. 학습에 필요한 많은 계산량을 GPU가 전담하면서 딥러닝 기반 AI 기술이 사업에 활용되기 시작했다. 반도체 기술 덕분에 학습과 추론의 두 단계에서 복잡한 연산이 가능해지면서 생긴 변화다.

AI는 수많은 데이터를 학습하고 이를 통해 추론한 결과를 도출한다. AI 학습 데이터를 단시간에 받아들이고 처리 연산에 최적화된 역할을 하는 것이 AI 반도체다. AI 반도체는 데이터 센터 등 고성능 서버에 활용 가능한 AI 반도체와 단말기에 쓰이는 에지용(온디바이스(On-Device)) AI 반도체로 구분할 수 있다.

많은 AI 반도체 기업들은 서버용 GPU를 넘어 AI 특화 반도체인 NPU를 개발 중이다. 이제 기업들은 GPU가 아닌 NPU에 많은 기대를 걸고 있다. GPU는 병렬 처리 방식으로, 그동안 직렬 처리 방식인 CPU의 한계를 대신해 주로 AI 개발에 활용돼 왔다. 그러나 GPU는 애초에 그래픽 처리 용도로 탄생했기 때문에, 기업들은 보다 AI 연산에 특화돼 효율이 좋고 가격을 낮출 수 있는 NPU 개발에 많은 기대를 하고 있다.

챗GPT 열풍으로 딥러닝 기반 클라우드 서버 중심의 고성능 GPU 반도체 사용이 폭발적으로 늘고 있다. 초강력 하드웨어(GPU)와 이를 뒷받침하는 소프트웨어(쿠다)를 바탕으로 AI 반도체 생태계의 80% 이상을 장악한 엔비디아에 맞서 수많은 빅테크 기업들의 도전이 진행 중이다. 인텔, AMD 같은 반도체 기업뿐만 아니라 구글, 마이크로소프트 같은 서비스 기업도 독자적인 AI 반도체와 소프트웨어를 개발하며, 엔비디아와는 다른 AI 생태계 구축을 위해 총력을 기울이고 있다. 또한 맞춤형 HBM 메모리가 사용되면서 SK하이닉스와 삼성전자가 시장을 주도하고 있으며, 미국 마이크론의 도전도 거세다.

에지용 AI 반도체는 응용하기에 따라 수많은 제품에 활용되며, 스마트폰에는 2017년부터 활용되고 있다. 시스템반도체인 AP에는 NPU라는 AI 코어가 들어 있어서 스마트폰 화질 개선, 음성인식, 통역과 번역 서비스에 활용된다. AI 기능 탑재는 스마트폰뿐 아니라 PC, 가전, 자동차, 보안, 헬스케어 등 실생활의 다양한 분야로 확산이 예상된다.

## AI 시대의 변곡점, 신제조업 우위의 기회를 찾아라

AI를 활용해 많은 제품을 만들려면 AI 반도체가 필수적이다. AI는 IoT와 5G·6G 네트워크 기술에 더해져 데이터 센터 뿐만 아니라 자율주행차, 스마트팩토리, 스마트시티 등 많은 미래 먹거리도 만들어 낼 것이다. 한국 경제를 이끌 중추 산업이다.

삼성과 LG가 디지털 TV 시대로 넘어오면서 소니를 이길 수 있었던 것은 시스템반도체 자체 개발 능력에 기인한다. 디지털 TV에 들어가는 시스템반도체를 자체적으로 만들어 제품의 경쟁력을 키웠다. "전자제품(세트) 경쟁력은 시스템반도체에서 온다"라는 말을 이해해야 한다. 2024년 1월 15일, 정부가 발표한 AI 반도체 중심의 '반도체 메가 클러스터 조성 계획'은 시의적절했다. 세계 시장의 1% 수준인 한국의 팹리스를 본격적으로 키우는 터닝포인트가 돼야 한다.

또한 하드웨어에서 소프트웨어 중심으로 기술의 큰 흐름이 바뀌는 전기차 분야에서 돌파구를 찾는 방법도 생각해 볼 만하다. 과거 내연기관 중심 자동차의 핵심은 '얼마나 뛰어난 엔진 성능을 가졌는지'에 달려있었다. 잘 달리고 안전하게 달릴 수 있는지가 자동차의 경쟁력이었다. 그러나 전기차의 등장으로 전기차에 탑재되는 배터리 성능, 곧 동력 성능이 전체적으로 상향 평준화되면서 자동차의 경쟁력은 소프트웨어를 중심으로 바뀌고 있다. '바퀴 달린 스마트폰'이 실현되고 있는 것이다. 즉, SDV(Software Defined Vehicle, 소프트웨어로 정의되는 차량) 기술을 준비해야 한다. 첨단 운전자 보조 시스템(ADAS)을 중심으로 AI 기술이 핵심 역할을 할 것이다.

우리나라가 강화해야 할 AI 반도체 분야는 학습용이 아니고 추론용이다. 또한 좀 더 힘을 모아야 하는 것은 전자제품, 스마트폰, 자동차 등 개별 기기에 특화된 온디바이스 AI 반도체 개발이다. 우리는 강점인 제조업이 있고, AI 반도체를 활용할 시장도 있기 때문이다(자세한 내용은 3장에서 다룬다).

바야흐로 AI 시대가 개화하고 있다. AI 시대의 새로운 시작은 우리에게 기회이다. 신제조업 경쟁에서 AI 반도체를 선점해야 우위를 점할 수 있다. AI 반도체 뿐만 아니라, 소프트웨어 특히 컴파일러 확보에 총력을 기울여야 상용화에 다가갈 수 있다. 지금이 절호의 기회다.

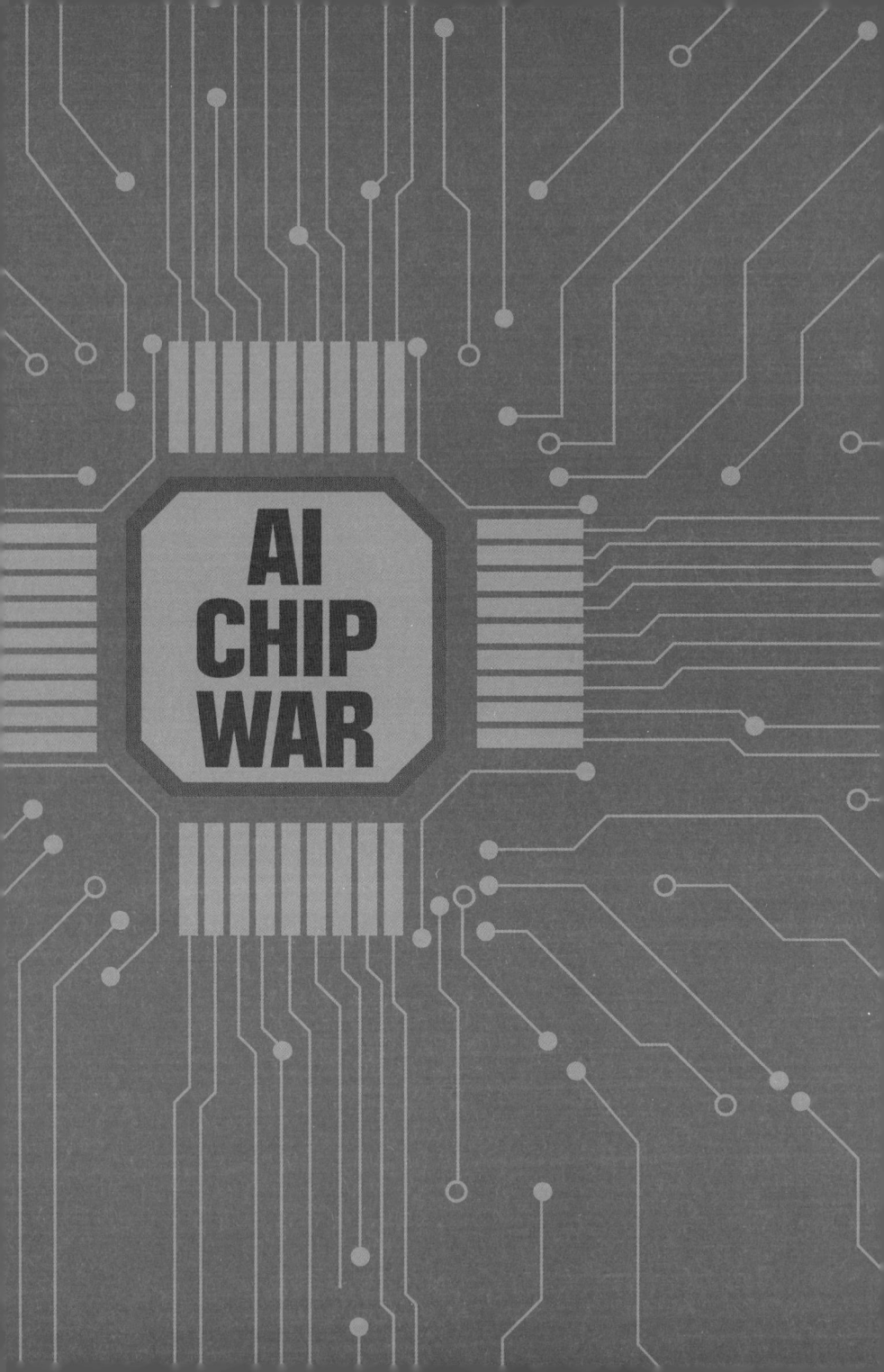

# 2장

# AI가 쏘아 올린
# 반도체 전쟁

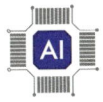

# AI는 어떻게 발전해 왔는가?

AI의 시작은 1950년대로 거슬러 올라간다. 1950년, 영국의 수학자 앨런 튜링은 논문의 시작에서 "기계는 생각할 수 있는가?(Can machine think?)"라는 질문을 던진다. 그는 기계는 생각할 수 있다고 주장하며, 기계의 지능을 테스트하기 위한 방법으로 '튜링 테스트(The Turing Test)'를 고안했다. 이것은 '인공지능'이라는 개념을 최초로 제시한 연구로 꼽힌다.

1956년에는 AI의 개념을 세상에 알린 다트머스 회의(Dart-mouth Conference)에서 '인공지능(Artificial Intelligence, AI)'이라는 용어가 처음 사용되었다. 이 시기에는 인공신경망(Artificial Neural

Network, ANN) 모델에 관한 연구도 활발히 진행되었다. 1957년에 '퍼셉트론(Perceptron)' 모델을 통해 컴퓨터가 패턴을 인식하고 학습할 수 있다는 개념을 실증적으로 보여줬다. 이러한 초기 연구의 성과는 세간의 기대를 높였으나, 컴퓨팅 성능, 논리체계, 데이터 부족 등의 한계로 AI 연구는 곧 침체기에 들어섰다.

1980년대에는 사람이 입력한 규칙을 기반으로 자동 판정을 내리는 '전문가 시스템(Expert System)'이 등장했다. 인간의 명령으로만 작동하던 AI는 1990년대 들어서 스스로 규칙을 찾아 학습하게 된다. 바로 '머신러닝'의 등장이다. 이것이 가능해진 이유는 디지털 기술과 인터넷의 활용에 있다. 이때부터 AI는 스스로 규칙을 학습하고 나아가 사람이 찾지 못하는 규칙까지 찾아낼 수 있게 되었다. AI 연구는 머신러닝을 기반으로 다시 성과를 내기 시작했다. 그러나 1969년, 앞서 언급했던 퍼셉트론 모델이 비선형 문제를 해결할 수 없다는 것이 밝혀지면서 다시 긴 침체기에 접어들었다.

# 딥러닝 알고리즘, 반도체와 만나다

과학자들은 수십 년간 인간의 신경망을 따라 하려 시도했다. 그러나 두 가지 문제가 있었다. ANN과 관련한 여러 이론적 발전이 더디고, 엄청난 연산 능력이 필요하다는 점이었다.

ANN 연구를 다시 끌어올린 인물은 캐나다 토론토대학교의 제프리 힌튼 교수다. 2006년, 그는 딥러닝 알고리즘을 발표한다. 이를 바탕으로 2012년, 연구팀은 이미지 인식 경연대회에 참가한다. 이 대회는 1,000개의 카테고리와 100만 개의 이미지로 구성되어 정확도를 겨루는 대회인데, 이전까지 10여 년간 컴퓨터의 이미지 인식율이 75%를 넘지 못했다. 그런데 2012년 대회에서 제프리 힌턴 연구팀이 당시 84.7%라는 놀라운 정확도를 보여준 것이다. 많은 사람들이 환호했다. 두 가지 문제가 해결되는 순간이었다. 인공지능 알고리즘은 제프리 힌턴 연구팀이 알렉스넷을 통해 해결했고, 연산을 위한 하드웨어는 GPU 반도체의 발전으로 해결했다.

연산력 문제가 해결된 것은 ANN이 반도체와 만나면서부터이다. 특히, GPU와의 만남이 결정적이었다. 연산장치는 CPU와 GPU가 있는데, CPU는 범용의 순차적 작업을 처리하는 데

강점이 있는 반면, GPU의 아키텍처는 그래픽스 및 데이터 집약적 계산 같은 병렬 처리에 더 적합하다. GPU는 원래 그래픽을 표시하는데 사용된다. 그래픽 연산은 CPU가 수행해야 하는 복잡한 연산들보다는 단순했으나, 대신 유사한 작업을 매우 반복해야 했다. 그런데 이러한 GPU의 연산 능력이 ANN의 연산에 활용될 수 있음을 알게 되면서, GPU를 도입해 ANN을 수십 배 빠르게 구동할 수 있게 된 것이다. 그동안 GPU 반도체를 만들던 엔비디아가 AI 반도체 핵심 기업으로 탄생하게 되는 계기가 된다.

메모리반도체 역시 ANN 발전에 큰 역할을 한다. 인공신경망 자체는 GPU에 들어갈 수 없으며, 반드시 메모리에 담아야만 한다. 인공지능을 위한 고용량·고대역폭 메모리 HBM이 만들어진 계기가 된다. 인공지능이 반도체를 만나서 비약적인 발전을 시작한 것이다. GPU는 ANN 학습과 구동 속도를 높이고, 메모리반도체는 더 많은 데이터를 담을 수 있게 되었다.

# 본격 AI 시대의 신호탄, 알파고

2016년, 딥러닝은 또 한 번 세상을 바꾼다. 구글 딥마인드가 개발한 AI 바둑 프로그램 알파고가 바둑기사 이세돌 9단을 4승 1패로 꺾으며 승리, 전 세계에 AI의 존재를 각인한 것이다. 알파고(AlphaGo)라는 이름은 구글의 지주회사 이름인 알파벳과 그리스 문자의 첫 번째 글자로 최고를 의미하는 '알파(α)', 바둑을 의미하는 일본어 '碁'의 발음에서 유래한 영어 단어 'Go'를 조합한 이름이다. 알파고의 통산 전적은 74전 73승 1패로, 유일한 1패는 이세돌에게 진 것이다.

알파고는 본격적인 AI 시대의 시작을 알린 신호탄이었다. 알파고는 2017년 5월 〈바둑의 미래 서밋(Future of Go Summit)〉에서 당시 세계랭킹 1위 바둑기사 커제 9단을 상대로 3 대 0의 압승을 거둔 뒤 홀연히 바둑계를 은퇴했다.

'알파고'는 인공지능의 대명사처럼 불릴 만큼 화제가 됐다. 알파고는 크게 이세돌과 겨루었던 버전인 '알파고 리', 이세돌에 패배했던 4국의 문제를 극복하고 출시되어 중국 커제에게 전승을 거둔 '알파고 마스터', 자체학습을 도입한 '알파고 제로'를 거쳐 발전해 왔다. 2017년 당시 알파고 제로는 인간의 뇌와 유사하게 시행착오를 통해 이치를 깨닫는 강화 학습(reinforce-ment learning)이 적용되기 시작했다는 점이 특별하다. 즉, 기존 알파고 리와 알파고 마스터가 인간이 만든 정석이나 기보 등을 통해 바둑을 학습하고 이를 기반으로 전략을 구상했다면, 알파고 제로는 인간의 기보를 전혀 참고하지 않았다는 점이 특징이다. 알파고 제로는 바둑 규칙만 습득한 후, 자체 대국을 통해 독학으로 바둑의 이치를 터득했다.

## 챗GPT의 모태가 된 트랜스포머, 생성형 AI 시대를 열다

지금 챗GPT에서 사용하고 있는 생성형 AI는 머신러닝 중 딥러닝의 일종으로, 뇌의 뉴런과 유사한 정보 입출력 계층을 활용해 데이터를 학습한다. 딥러닝은 노드와 파라미터가 많을수록 더 복잡한 패턴을 학습할 수 있지만, 초기의 딥러닝에서는 파라미터를 늘려도 성능이 어느 한계 이상으로는 나아지지 않아서 대규모 인공지능 모델의 이점이 크지 않았다.

이를 해결한 것이 트랜스포머다. 오픈AI가 생성형 AI의 대표적인 기업으로 여겨지지만, 사실 오픈AI에 앞서 생성형 AI의 씨앗을 뿌린 회사는 따로 있다. 지금 시장에 나온 생성형 AI 기술은 기본적으로 구글이 씨앗을 뿌렸다고 해도 과언이 아니다. 2017년 구글은 〈Attention is all you need(당신에게 필요한 모든 것은 어텐션이다)〉 논문을 통해 GPT(Generative Pre-trained Transformer)의 기반이 된 트랜스포머 모델을 제시했다. GPT의 'T'도 이 트랜스포머에서 따왔다.

트랜스포머에는 정교함을 극대화하고자 '셀프 어텐션'이라는 기능이 포함돼 있다. 따라서 트랜스포머 모델은 다른 유형의 머신러닝보다 콘텍스트를 더 잘 이해할 수 있다. 트랜스포머의 일부인 디코더가 발전한 생성형 모델인 GPT가 규모 등에서 크게 발전하면서 챗GPT가 나왔다.

LLM은 'Large Language Model'의 약자로, 우리말로 풀면 '거대 언어 모델'이라는 뜻이다. 방대한 처리능력을 강조하기 위해 '초거대 언어 모델'이라고 표현하기도 하는 LLM은 문장 내 단어 사이의 관계를 파악하고 이어나가는 데 초점을 맞추는 기술이다. 사람이 일상적으로 쓰는 자연어처리(NLP)에 특화한 모델로써 단어 간 상관관계를 읽어 정확한 문장을 뽑는 게 핵심이다. 오픈AI의 챗GPT를 비롯해서 구글의 제미나이

(Gemini), 메타의 라마(LLaMA), 네이버의 하이퍼클로바X가 LLM을 기반으로 만들어졌다.

LLM의 1차적인 성능은 파라미터(매개변수)로 가늠한다. 파라미터는 사람의 뇌로 치면 사고 과정에 관여하는 '시냅스(Synapse)'에 해당한다. 단, 파라미터 수를 성능 그 자체로 받아들여서는 안 된다. IQ가 높다고 꼭 정확한 답을 내는 게 아닌 것처럼, 파라미터가 반드시 정확성을 담보하지는 않는다.

현재 네이버 하이퍼클로바X의 파라미터 수는 2,040억 개다. 하지만 1,750억 개를 가진 GPT-3.5가 더 좋은 기술로 알려져 있다. 2023년 2월, 메타가 독자 개발한 AI 모델 라마도 매개변수는 650억 개에 그친다.

또 최근에는 '경량'이라는 뜻의 's(small)'를 붙인 sLLM(소형 모델) 개념이 나오며 특정 분야를 위한 '경량 거대 언어 모델'도 각광받고 있다. AI 모델을 개발할 때는 파라미터 수와 비례해 학습이나 추론 비용이 소요된다. 이에 파라미터 수를 줄여 더 가볍게, 꼭 필요한 부분에 맞도록 특화한 게 sLLM이다. sLLM이 주목받기 시작한 건 2023년 2월에 메타의 라마가 공개되고서부터다.

메타는 라마를 매개변수 개수에 따라 총 네 가지 버전으로 내놓았는데, 그중 가장 작은 모델은 매개변수가 70억 개에 불과했다. 가장 큰 모델 역시 650억 개로, 경쟁사들 대비 확연한 차이를 보였다. 이에 따라 훨씬 적은 컴퓨팅 파워의 모바일이나 노트북으로도 활용할 수 있는 가능성을 높였다. 따라서 '온디바이스 AI' 시장에서 sLLM은 매우 중요한 역할을 할 수 있을 것으로 예상된다.

이후 라마2가 2023년 9월에 나왔고, 2024년 4월 라마3을 공개한 지 3개월만인 2024년 7월에 라마3.1이 나왔다. 라마3.1의 특징은 매개변수 4,000억 개 이상의 대형 모델이라는 점이다. 메타는 대형 모델을 선보이면서, 소형 모델 뿐만 아니라 중형과 대형 모델 모두를 석권하겠다는 의지를 보인 셈이다. 메타는 오픈 소스로 공개하고 있는데, 라마로 AI 생태계를 구축하겠다는 전략으로 보인다.

# 생성형 AI와 반도체 전쟁

생성형 AI 시장의 급속한 확대와 함께 글로벌 반도체 산업이 격변기를 맞고 있다. 그동안의 전자산업은 반도체의 성장과 함께 발전해 왔다. 1977년 개인용 PC인 '애플2'의 탄생이 정보화 혁명의 시작이다. 그렇지만 PC가 문서 작성이나 게임기 수준에서 나아가 일상생활을 크게 바꿀 수 있었던 것은 인터넷이 채택되면서부터였다. 컴퓨터가 인터넷을 통해서 가상 세계에 연결되면서 우리의 삶은 크게 변화됐다. 검색 기반의 혁신적인 비즈니스 모델을 갖춘 구글, 네이버 같은 기업이 탄생했다. 이 시기는 PC용 핵심 반도체인 CPU를 개발한 인텔이 시장을 지배했다.

이동통신 4G 시대가 열리면서, 스마트폰을 통해 사람들이 이동하면서도 PC 수준의 서비스를 받는 게 가능해졌고, 카카오톡과 같은 메신저가 사람들의 일상을 지배하기 시작했다. 스마트폰에서는 AP 반도체가 중심 역할을 하고 있다. 이것은 퀄컴, 미디어텍, 애플, 삼성전자가 주로 만든다.

지금은 AI 시대다. AI의 위력을 느끼게 해 준 것은 2016년 열린 이세돌과 AI '알파고'의 바둑 경기였다. 알파고를 승리로 이끈 주역은 딥러닝 기술을 구현하는 데 쓰인 CPU, GPU(그래픽처리장치) 반도체였다. 당시 알파고에는 1,202개의 CPU와 176개의 GPU가 사용된 것으로 알려져 있다. 그리고 7년 뒤, 세상을 뒤흔드는 혁명이 일어났다. 챗GPT의 탄생이었다. 챗GPT의 AI 학습에는 무려 1만 개가 넘는 엔비디아 A100 GPU가 사용된 것으로 추정된다.

2022년 생성형 AI 붐을 일으킨 챗GPT는 AI의 위력을 예고한 알파고의 충격과는 비교가 안 된다. 놀라운 사실은 AI가 사람에게 더 가까워지고 대화를 나눌 수 있는 상대가 됐다는 데 있다.

그런데 챗GPT가 똑똑해지려면 방대한 양의 데이터를 학습

해야 하므로 많은 연산량과 고속 데이터 처리 속도가 필수적이다. 또 매개변수라고 불리는 파라미터는 뇌의 학습과 기억, 연산을 담당하는 인간 뇌의 시냅스와 유사한 기능을 수행한다. 파라미터 수가 많을수록 AI는 높은 성능을 보이게 된다. 그래서 AI의 성능이 향상될수록 기존 반도체의 성능과 연산 방식을 뛰어넘는 반도체가 필요하다.

2022년 챗GPT가 AI 시대를 열 수 있었던 것 역시 반도체의 힘이었다. 현재 엔비디아가 독주하는 가운데 오픈AI도 AI 칩 개발에 뛰어들기 위해 파트너를 찾고 있다. 구글, 메타 등 글로벌 빅테크도 앞다퉈 AI 반도체 개발에 뛰어드는 등 AI 반도체가 '게임 체인저'로서 시장의 전환을 이끌고 있다. 중국을 배제한 미국의 공급망 재편으로 시작된 미·중 반도체 패권 경쟁은 AI가 촉발한 시장 격변에 맞물려 총성 없는 전쟁으로 격화되고 있는 양상이다.


## 인공신경망과 생성형 AI의 탄생

생성형 AI는 머신러닝 중 딥러닝의 일종이다. 그런데 딥러닝은 인간의 신경망을 본뜬 인공신경망(ANN)에서 발전한 개념이다. 인간의 뇌는 뉴런이라는 수많은 신경세포로 이뤄져 있다. 뉴런은 신경세포체, 핵, 가지돌기, 축삭돌기, 시냅스 등으로 구성돼 있으며, 뉴런은 가지돌기에서 신호를 받아들이고, 이 신호가 일정 이상의 크기를 가지면 축삭돌기를 통해 신호를 전달한다. 각각의 뉴런은 시냅스라는 연결 부위를 통해 수백 수천 개의 다른 뉴런과 연결돼 있다. 한 뉴런의 흥분은 시냅스를 통해 다른 뉴런의 수상돌기로 전달된다. ANN은 앞서 설명한 사람 또는 동물 두뇌의 신경망에 착안하여 구현된 컴퓨팅 시스템으로, 인간의 신경을 흉내 낸 딥러닝 기법을 말한다. 뇌의 뉴런과 유사한 정보 입출력 계층을 활용해 데이터를 학습한다.

생성형 AI 탄생에 중요한 발판이 된 것은 2014년 생성형 대립 신경망(Generative Ad-versarial Network, GAN)의 등장이었다. 2014년, 이언 굿펠로(Ian Goodfellow)가 발표한 대립 신경망은 신경망이 서로 경쟁하면서 학습하는 구조다. 그 후 2017년 오픈AI의 첫 번째 생성형 AI인 챗GPT-1의 등장에 핵심적 역할을 한 것은 트랜스포머 기술이다. 트랜스포머 모델은 다른 유형의 머신러닝보다 콘텍스트(context, 문맥)를 더 잘 이해할 수 있다. 예를 들어 문장의 끝과 시작이 어떻게 연결되는지, 문장의 단락이 서로 어떻게 연관돼 있는지 등을 이해할 수 있다. 불과 5년 전까지 가장 인기 있는 딥러닝 모델로 손꼽혔던 콘볼루션 신경망(Convolutional Neural Network)과 순환 신경망(Recurrent Neural Network)을 현재 트랜스포머가 대체하고 있다.

앞서 설명한 LLM은 언어 모델을 더욱 확장한 개념으로, 인간의 언어를 이해하고 생성하도록 훈련된 AI를 통틀어 LLM이라고 한다. 주어진 질문에 대해 인간과 유사한 응답을 생성하기 위해 방대한 양의 텍스트 데이터로 학습하므로 'Large(대규모, 거대)'라는 이름이 붙었다. LLM은 딥러닝, 특히 트랜스포머 모델을 기반으로 한다. LLM은 인터넷에서 수집된 수천 또는 수백만 기가바이트에 달하는 텍스트로 학습한다. 이를 통해 텍스트나 기타 콘텐츠를 인식, 번역, 예측 또는 생성할 수 있다. 하지만 샘플의 품질이 LLM이 자연어를 얼마나 잘 학습할 수 있는지에 영향을 미치므로, LLM의 프로그래머는 보다 엄선된 데이터 세트를 사용해야 한다.

# 본격화되는 반도체 전쟁

미국은 반도체 영역 중에서 설계 부문만 주도하고, 제조와 후공정은 대만, 한국, 중국 등 동아시아 국가들에 의존해 왔다. 그동안은 세계화에 맞추어서 철저한 분업화가 이루어졌다. 그러나 현재 미국은 중국의 반도체 산업 발전을 심각한 국가 안보 위협으로 규정해 중국 제재를 강화하고 있다. 미국은 2023년 '반도체 칩과 과학 법(칩스법)'을 제정, 자국 내 반도체 직접 생산을 통한 글로벌 반도체 공급망의 새로운 질서를 주도하고 있다.

지금의 양상은 미·중 반도체 패권 전쟁 중 AI 혁명이 진행되면서 더욱 치열한 경쟁 구도로 가고 있다. AI 시대가 열리면서 AI 반도체의 중요성은 매우 커지고 있다. 미국 정부는 엔비디아 AI 반도체의 중국 판매를 금지하고 있다. 엔비디아의 고사양 AI 반도체(A100, H100)부터 저사양 AI 반도체(H800)까지 모두 판매가 불가하다.

또한 2023년 10월 개정한 수출 규제를 통해 미국 기업이 핀펫(FinFET) 기술 등을 사용한 로직 칩(16나노 내지 14나노 이하)을 생산할 수 있는 장비와 기술을 중국 기업에 판매하는 것도 사실상 금지했다. 중국이 AI를 자체 설계하더라도 제조하지 못하도록 원천 봉쇄한 것이다.

그렇지만 중국도 만만치 않다. 2023년 8월, 중국 화웨이는 프리미엄 스마트폰 '메이트 60'에 들어가는 AP를 SMIC 7나노 칩으로 제조했다고 해서 논란이 됐다. 중국은 파운드리 기업인 SMIC를 통해 반도체 자립화에 힘을 쏟고 있다. 궁극적인 목표는 군사적으로 중요한 AI 칩 확보라고 할 수 있다. 아무리 많은 돈이 들어도 어떻게든 자력으로 AI 칩을 개발해 미국과 맞서겠다는 것이다. AI 반도체 개발에 특화된 팹리스들이 있다. 그중에서 캠프리콘과 호라이즌 로보틱스가 눈에 뜨이는 기업들이다. 캠프리콘은 2016년 설립한 회사로 엔비디아 AI 칩의 대체재로 주목받고 있다. 데이터 센터용 AI 칩을 개발하고 있다.

최근 중국 파운드리 산업은 급격한 성장을 보인다. 중국의 대표적인 파운드리 기업은 SMIC·화홍(Huahong)반도체·넥스칩(Nexchip) 3곳이다. 중국 파운드리 업체들은 삼성전자와 TSMC 등 글로벌 기업들과 경쟁하며 시장 점유율을 높여가고 있다. 중국은 미국의 반도체 제재가 집중된 선단 공정보다 성숙(레거시) 공정 위주로 생산능력을 공격적으로 확대하고 있다. 중국 파운드리는 내수 시장을 바탕으로 매출이 대폭 늘어나면서 성장세를 이어가고 있다.

중국의 메모리 대표회사는 CXMT(창신메모리테크놀로지)와 YMTC(양쯔메모리테크놀로지) 인데, 중국 정부의 반도체 산업 육성 정책 일환으로 둘 다 2016년에 설립되었다. D램 업체 CXMT 는 2019년 DDR4 제품을 양산하며 시장에 진입했다. 낸드플 래시 제조사인 YMTC는 2017년, 32단 MLC 3D NAND 플래 시 메모리 적층에 성공하면서 본격 발전해 나갔다. 글로벌 톱 티어 못지않은 기술력을 확보한 데다 거대 내수 시장의 이점 에 힘입어서 빠른 속도로 시장을 넓혀 나가고 있다.

# AI 반도체 시장을 주도할 챗GPT

대화형 AI 서비스, 챗GPT가 등장하면서 전 세계적으로 엄청난 파장을 일으키고 있다. 챗GPT는 미국의 오픈AI가 2022년 12월 1일 공개한 이후 두 달여 만에 글로벌 사용자가 1억 명을 돌파했다. 틱톡이 사용자 1억 명을 돌파한 '9개월 기록'을 갈아치웠다.

챗GPT는 일방적으로 정보를 전달하는 게 아니라 인간과 자연스럽게 대화한다는 점에서 이전 챗봇들과는 다르다. 질문자의 질문 내용을 정확히 파악하고 이에 맞는 대답을 적절히 하기에 실제로 대화하는 느낌을 준다. 사람처럼 대화도 하고 에

세이도 쓰고, 심지어 시와 신문 기사도 쓴다. 현재의 챗GPT는 거대 언어 모델인 GPT-4(Generative Pre-trained Transformer version-4)를 사용한다. 딥러닝을 통해 스스로 언어를 생성하고 추론할 능력을 지녔다. 생성형(Generative)이란 문자열, 그림, 음악, 음성 등의 답변을 생성한다는 뜻이며, '사전학습(Pre-trained)'이란 GPT의 핵심 언어 모델이 미리 학습을 끝낸 뒤에 필요한 작업에 맞춰서 약간의 수정을 가한 답변을 만든다는 의미다. 즉, 미리 학습했다는 의미를 담고 있다.

GPT에서 가장 중요한 것은 'T'다. 트랜스포머(Transformer)의 약자인데, 챗GPT가 세상에 등장할 수 있었던 핵심적인 신경망 모델이다. 트랜스포머는 구글이 2017년 논문에서 처음 발표했다. 논문 제목이 〈Attention Is All You Need(당신에게 필요한 모든 것은 어텐션이다)〉이다 보니, 트랜스포머를 '어텐션(attention)' 기술이라고도 부른다. 트랜스포머는 문장 속의 단어와 같은 순차적인 데이터 내의 관계를 추적해 맥락과 의미를 학습하는 신경망이다. 지금까지 개발된 모델 중 가장 새롭고 강력하고 획기적이다.

이렇듯 큰 업적을 낸 구글이지만, 실수도 있었다. 2023년 2월 6일, 구글은 새 AI 검색 엔진 바드(Bard) 출시를 공식 발표하고, 그 이틀 뒤 프랑스 파리에서 기능을 시연했다. 그런데 바드가 쉬운 질문에 오답을 내는 바람에 구글 주가는 이틀간 10% 이상 빠졌다.

2018년에 GPT-1이 나왔고, 2019년에 전작의 10배 이상인 15억 개 이상 매개변수(파라미터)를 활용하는 GPT-2가 나왔다. 그다음 GPT-3로 넘어오면서 매개변수는 1,750억 개로 크게 늘었다. 매개변수란 언어 모델이 학습 중에 신경망에서 조정되는 값으로, 보통 매개변수가 많으면 AI의 성능이 좋아진다. 이처럼 GPT-3는 훨씬 더 많은 양의 데이터를 기반으로 훈련됐다. 2022년 11월에 챗GPT 첫 적용은 GPT3.0에서 좀 더 발전된 GPT3.5 모델을 사용했다. 그 이후 4개월 만인 2023년 3월 14일 GPT-4가 공개됐다.

이어서 2024년 5월에 기존 GPT-4에 비해 더 빨라진 속도와 이해 성능을 높이고, 최초의 멀티모달까지 가능한 GPT-4o 모델을 공개했다. GPT-4o의 o는 '모든 것의, 모든 방식으로'라는 뜻을 가진 영어 단어 옴니(omni)의 약자로, 훨씬 더 자연스럽고 빨라졌다. 멀티모달은 '다중'을 뜻하는 '멀티(multi)'와 '인체의 감각적 양상'을 뜻하는 '모달리티(modality)'의 합성어로, 자연어, 청각, 시각 등 여러 종류의 데이터를 동시에 처리해 다각적으로 결과를 도출하는 방식을 뜻한다.

예를 들어 그림을 보고 자연어로 설명한다거나, 이미지를 보고 노래를 작곡하는 등 사람과 비슷한 형태로 동작한다는 의미이다. 또한 2024년 7월에는 GPT-4o 미니를 출시했다. 성능은 유지하면서 가격을 낮춘 모델이다. 챗GPT는 계속해서 진화하고 발전하고 있다.


## GPU 중심의 AI 반도체 시장

2016년, 알파고가 바둑에서 이세돌 9단을 이겼을 때 세상은 충격에 빠졌다. 알파고의 승리 이후 AI는 4차 산업혁명을 위한 가장 중요한 기술로 대두됐는데, 이때는 GPU를 통해 AI 알고리즘을 구현했다. GPU는 CPU와 달리 병렬 처리를 한다는 장점이 있어서 가능했다.

AI는 활용 목적에 따라 방대한 데이터를 통해 '학습(training)' 하는 단계와 학습한 내용을 바탕으로 적합한 결과를 '추론(inference)'하는 단계로 구분된다. AI는 수많은 데이터를 학습하고 이를 통해 추론한 결과를 도출한다. 따라서 학습 데이터를 단시간에 받아들이고 처리하기 위해서는 특별한 프로세서 성능의 시스템반도체가 필요하게 된다. 현재는 GPU를 많이 사용하고 있지만, 처음부터 AI용으로 개발된 것이 아니다 보니 낭비 요소가 있다. 수많은 데이터를 처리하려면 높은 전력과 빠른 속도가 필수적인데, 전력 소모에서 비효율적인 부분이 발생했다. 따라서 GPU를 대신할 새로운 AI 반도체를 찾고 있는데, NPU가 그중 하나이다.

사람의 뇌는 시냅스라는 신경 구조로 연결돼 있다. 여기에서 특정 자극이 주어지면 전기 신호가 모이고, 이를 기반으로 뇌는 정보를 처리하게 된다. 뇌는 감각기관에서 받아들인 자극을 종합·판단해 명령을 내리게 되는데, 우리의 뇌처럼 정보를 학습하고 처리하는 프로세서를 NPU라고 부른다. NPU를 사용할 경우, 프로세서와 메모리 간의 데이터 전송을 줄일 수 있어서 에너지 소모를 획기적으로 줄일 수 있다. 그렇지만 GPU 외에 AI 반도체 시장은 아직 크게 확대되지는 못한 상황이다.

시장 조사업체 딜로이트에 따르면, 엔비디아의 AI 반도체 시장 점유율은 90% 수준이다. 아직 대부분의 AI가 GPU를 기반으로 돌아간다는 말이다. 여러 이유가 있겠지만, 가장 큰 이유는 아직 AI 반도체를 사용하기 어려워서다. AI 반도체는 구동하는 소프트웨어가 얼마나 최적화돼 있는지에 따라 그 성능이 크게 좌우된다. NPU를 기반으로 프로그램을 구동하기 위해서는 NPU를 구동하는 프로그램과 응용 프로그램 사이를 연결하는 인터페이스인 API(Application Programming Interface)로 프로그램을 짜야 한다. 그런데 이 API를 활용하는 것은 쉽지 않다. 결국 NPU를 확대하기 위해서는 보편적으로 사용되는 프로그래밍 언어인 C, C++ 언어나 파이선을 NPU용 API에 맞게 변환해 주는 소프트웨어인 컴파일러의 개발이 매우 중요하다. 쉽게 말해서 컴파일러는 프로그램 번역기다. 이 컴파일러 성능은 엔비디아가 최강이다.

실제 엔비디아는 칩 개발 인력보다 소프트웨어 인력의 수가 더 많다. 엔비디아의 쿠다(CUDA, Compute Unified Device Architecture)는 프로그래머들이 병렬 처리 알고리즘을 쉽게 만들 수 있도록 개발된 프로그램으로, 현재 대부분의 AI 알고리즘이 쿠다 플랫폼을 기반으로 이뤄졌고, 프로그래머들도 이에 익숙하다. 쿠다는 사용자가 쉽게 프로그램을 작성하고 GPU 위에서 효율적으로 작업을 수행할 수 있도록 해서 AI 관련 커뮤니티에서 널리 사용될 수 있다. 앞으로도 이러한 플랫폼 환경이 더욱 다양하게 제공돼야만 AI 반도체의 활용이 점차 더 늘게 될 것이다.

# 고성능 AI 반도체 시장,
# 챗GPT로 꽃피다

챗GPT 서비스에 사용될 데이터 센터 서버에는 많은 GPU 반도체가 필요하다. 챗GPT는 짧은 시간에 무수히 많은 연산을 해야 하는 거대 언어 모델 기반 생성형 AI이기 때문에, 이를 운영하려면 엄청난 수량의 고효율 반도체 칩이 있어야 한다. 챗GPT 운영엔 현재 엔비디아의 GPU A100 1만여 개가 사용된다. GPU 수만 개가 방대한 양의 연산을 빠르게 처리하기 위해서는 고전력, 고비용이 들어갈 수밖에 없다. 고성능 AI 반도체는 이러한 문제를 해결할 수 있어 제품 개발에 나서는 기업들이 늘어날 전망이다.

AI 반도체 시장에서 구글과 아마존 등은 자체 AI 반도체 개발에 나섰다. 현재 엔비디아가 AI 반도체 시장을 지배하고 있지만, 전력 소모나 가격 등이 단점으로 꼽힌다. AI 반도체 시장의 초기 승자가 엔비디아라는 것은 분명한 사실이다. 그러나 많은 기업이 아직 초기에 불과한 AI 반도체 시장에 뛰어들었기 때문에, 엔비디아가 계속 독점하기는 쉽지 않을 것이다. 국내 AI 반도체 업체들은 후발 주자지만, 시기적으로도 추론용 AI 반도체 수요가 급증하는 시점인 만큼 분명히 기회는 있다. 퓨리오사AI, 리벨리온과 사피온의 연합에 기대를 거는 이유이다.

챗GPT 열풍으로 메모리 시장도 활기를 띠고 있다. HBM이 대표적이다. 이 칩은 기존 D램보다 한꺼번에 많은 양의 데이터를 전송할 수 있다. 메모리반도체에 연산 기능을 더한 PIM(Processing-in-Memory) 반도체도 주목받고 있다. PIM 반도체는 메모리 스스로 연산할 수 있기 때문에 메모리와 연산장치 간 데이터 전송 과정에서 생기는 지연 시간과 전력 손실을 줄일 수 있다는 장점이 있다. 그리고 성능을 더 높인 HBM에 PIM을 통합한 HBM-PIM도 개발하고 있다.

챗GPT는 국내 반도체업계에 희망이 될 수 있다. 또한 시스템반도체 팹리스 도약의 전환점이 될 수도 있다. 이를 위해선 AI 반도체 뿐 아니라 컴파일러 같은 소프트웨어 개발 노력도 필요하다. 1등 메모리반도체 강국이라는 이점을 살려서 HBM, PIM, HBM-PIM까지 모두 석권, 세계 AI 반도체 시장을 주도해야 한다.

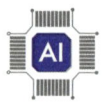

# 고객 맞춤형 메모리의 질주, HBM

AI 역사의 시작은 1940년대로 거슬러 올라가지만, 디지털 컴퓨터에 접할 수 있었던 1950년대 중반에 이르러서야 본격적인 논의가 있었다. 1956년, 미국 다트머스대학교에 있던 존 매카시 교수가 개최한 다트머스 회의를 통해 처음으로 'AI(Artificial Intelligence, 인공지능)'라는 용어가 사용되기 시작했다. 그 이후 오랫동안 추운 겨울을 지나왔다. 봄을 맞이한 시기는 2012년으로 봐야 할 것이다.

2012년 열린 이미지넷 경진대회에서 제프리 힌턴 토론토대학교 교수가 이끄는 연구팀 '슈퍼비전'이 AI 이미지 인식률을 획기적으로 개선하여 압도적인 차이로 우승하면서 AI가 다시 전 세계의 주목을 받기 시작했다.

마이크로소프트, 구글 같은 글로벌 빅테크들이 생성형 AI 개발 경쟁에 뛰어들면서 AI 서비스 구현을 위해 필수로 탑재되는 AI 반도체인 GPU 수요가 폭발적으로 증가하고 있으며, 현재 엔비디아가 GPU 시장을 장악하고 있다.

현재 AI에 사용되는 반도체는 연산장치인 GPU와 저장을 담당하는 메모리가 있다. 주의 깊게 볼 것은 메모리 시장의 변화다. 눈에 띄는 건 그동안은 기성복처럼 공장에서 대량으로 만들어 내던 D램이 AI 시대에 맞춰 맞춤복 형태로 크게 바뀌고 있다는 점이다. 바로 HBM(High Bandwidth Memory, 고대역폭 메모리), PIM 같은 고객 맞춤형 메모리의 출현이다. 그중 단연 대표는 HBM이다. HBM은 가격이 일반 D램보다 5배가량 비싸다. 전체 D램 시장에서 HBM은 생산량 비중이 1%에 불과하지만, 매출액 기준으로는 10%를 차지하는 것으로 알려져 있다.

# 챗GPT 등장에
# 고성능 AI 반도체 수요 급증

두뇌 속에서 셀 수 없을 정도로 많은 신경세포와 시냅스(신경 세포의 접합부)가 신호를 주고받는 것처럼, 칩 안에서 수만 개 연산을 동시에 처리해야 한다. 이를 담당하는 반도체는 CPU와 GPU를 생각해 볼 수 있는데, 데이터를 순차적으로 직렬 처리하는 CPU는 대규모 병렬 처리 연산이 필요한 AI에 최적화돼 있지 않다.

CPU는 입력 순서에 따라 연산을 처리하는 직렬 컴퓨팅 구조로 만들어졌다. 컴퓨팅 시스템 전체를 통제하거나 어려운 연산을 할 때는 유리하지만, 일정한 규칙 없는 수많은 데이터를 한꺼번에 처리해야 하는 AI 환경에서는 비효율적이다. CPU의 이러한 연산 능력 부족 문제는 2000년대 후반 GPU가 해결했다. GPU는 3D 게임 같은 고사양의 그래픽 처리를 위해 개발됐으나, 데이터를 병렬 처리한다는 특징이 있어 AI 반도체로 사용되고 있다.

2022년 11월에 선보인 오픈AI의 채팅형 AI 챗GPT의 등장은 AI 기술 혁명을 가지고 왔다. 기존의 AI 모델 대비 언어의 맥락을 더 정교하게 이해하고 오류를 스스로 수정하며, '사람'과 대화하는 듯한 착각에 빠지게 할 만큼 고도화된 기술력을 보여주고 있다. 그러다 보니 초거대 AI의 데이터 학습에는 기존과 비교할 수 없는 연산량과 고속 데이터 처리 속도가 필수다. 또 파라미터(매개변수)는 뇌의 학습과 기억, 연산을 담당하는 인간 뇌의 시냅스와 유사한 기능을 수행한다. 시냅스는 우리 두뇌에 있는 신경세포로, 시냅스가 더 많을수록 더욱 고차원적 사고가 가능하다.

마찬가지로 파라미터가 많을수록 대체적으로 AI는 높은 성능을 보이게 된다. GPT-3의 파라미터는 1,750억 개에 이른다. GPT-4의 경우는 공개하지 않았으나 1조 개 이상으로 추정하고 있다. 파라미터가 많은 AI를 구현하려면 더욱 강력한 GPU가 필요해진다. 그런데 GPU와 함께 사용하고 있는 표준 D램은 여전히 어려움을 가지고 있었다. 초기 대응책은 D램 용량을 늘리고 속도를 빠르게 하는 것이었지만, 근본적인 문제는 여전히 남아 있었다. 메모리 자체가 아니라 GPU와 메모리 간 데이터 통로가 비좁은 탓이었다.

# 고성능 맞춤형 메모리 HBM의 출현

HBM은 풀어 쓰면, 고(High)대역폭(Bandwidth)을 갖는 메모리(Memory)다. HBM이 주목받는 이유는 무엇일까? AI 알고리즘을 처리하는 과정에서 수행하는 연산과 저장 기능은 서로 다른 장치에서 이뤄진다. 연산은 GPU가, 저장은 메모리가 각각 담당하고 GPU와 메모리 사이에는 데이터를 주고받는 통로가 있다. 이 통로의 너비를 대역폭이라고 한다. 전통적인 D램으로는 폭발적인 데이터양을 감당하기 어려웠다. AI 성능을 높이려면 데이터가 D램에서 GPU로 이동하는 시간을 줄여야 했다. 따라서 고대역폭 메모리가 필요했고, 기존 D램에서 속도와 용량을 개선한 그래픽 D램(GDDR)이 개발됐다. 그리고 GPU와 최대한 가까운 곳에 GDDR을 배치하는 등 기판 형태로 만들었지만, 그럼에도 GPU의 처리 속도를 따라가지 못했다. 이러한 문제를 획기적으로 극복하고 전송 속도와 용량을 개선한 것이 HBM이다.

HBM은 두 가지 중요 기술을 사용한다. 첫째는 메모리 적층 기술이다. HBM은 메모리 칩을 쌓아 올리기 때문에, 같은 면적에 더 많은 메모리 트랜지스터를 담을 수 있다. D램 4개를 쌓은 HBM(1세대)을 시작으로 현재 D램 12개를 수직으로 쌓은 24GB(기가바이트) 용량의 HBM3로 발전되었다. HBM3를 예로 들면, 좁은 땅에 지은 12층짜리 HBM3 아파트로 비유할 수 있겠다. 세대가 올라갈 때마다 쌓는 층수가 높아지면서 데이터 용량은 늘고 있다.

둘째는 TSV(Through Silicon Via)라고 하는 후공정 기술이다. TSV는 실리콘을 관통하는 작은 구멍을 만들어 전기적으로 연결하는 기술이다. HBM3의 I/O(입·출구) 수가 1,024개라는 것은 TSV로 칩에 뚫어낸 구멍 수가 1,024개라는 말이다. 이렇게 1,024개의 구멍을 내서 만든 구리 배선, 그리고 각 배선을 또 다른 D램 칩의 배선과 정교하게 연결해서 통로를 만든 것이다. 아파트에 1,024개의 엘리베이터를 만들어 놓은 셈이다. HBM은 GPU 칩과의 거리가 GDDR보다 가깝다. HBM은 GDDR과 달리 GPU와 쌓아 놓은 D램들과 연결하여 하나의 칩으로 패키징을 했기 때문에, 기판 위에 구현한 GDDR보다 속도 면에서 훨씬 유리하다.

그런데 HBM은 D램을 수직으로 쌓아 올리므로 불량률 문제는 치명적이다. 따라서 불량률을 낮추고, 수율을 최대로 올리는 것이 관건이다. SK하이닉스는 자체 개발한 매스 리플

로우 몰디드 언더필(MR-MUF)이라는 적층 방식을 사용하는데, HBM3부터 삼성전자와 마이크론을 제치고 시장에서 독점적 1위를 하고 있다. SK하이닉스의 HBM3E 수율은 80%로 알려져 있다. SK하이닉스의 적층 방식이 우수함을 입증해 보이고 있는 셈이다. MR-MUF는 일종의 패키징에 들어가는 하나의 공정 기술로, 반도체 칩을 회로에 부착하고 칩을 위로 쌓아 올릴 때 칩과 칩 사이에 회로를 보호하기 위해서 액체 형태의 보호재를 주입한 후 굳히는 공정이다. 삼성전자와 마이크론 D램 업체들은 TC-NCF(비전도성접착필름) 방식을 사용하는데, 칩을 쌓아 올릴 때 칩과 칩 사이에 일종의 필름을 사용해서 쌓는 방식이다.

삼성전자는 최초의 HBM 개발은 SK하이닉스에 뒤졌지만, HBM2까지만 해도 앞서 있었다. 하지만 문제는 2018년에 D램 가격이 천정부지로 오르면서 삼성전자는 만드는 대로 제품이 팔리는 상황에서 일반 D램보다 3배나 많은 웨이퍼를 쓰고, 크지 않은 물량에 HBM의 개발을 포기했다. 그래서 HBM 팀을 축소하는 결정을 내리게 된다. 이때 HBM을 포기한 것은 2025년 D램 시장에서 삼성전자가 SK하이닉스에 1위를 빼앗기는 데 결정적인 이유가 된다. 다행히 삼성전자는 심기일전 노력으로 2025년도에 HBM3E를 엔비디아에 성공적으로 공급하고 HBM4 개발도 성공적으로 개발한 것으로 보이고, 이제 HBM4와 다음 세대 제품을 두고 SK하이닉스와 진검승부를 벌이게 되었다.

2026년 양산 목표인 HBM4(6세대)는 SK하이닉스와 삼성전자의 치열한 승부가 예상된다. HBM4 표준은 국제반도체표준협의기구(JEDEC)에서 만들었고, 12단에 머물던 HBM3과 HBM3E보다 높은 최대 16단을 지원한다. 또한 D램당 용량도 기존 최대 24기가바이트에서 32기가바이트로 확장된다. 층수와 층당 용량 밀도도 모두 높인다.

HBM4가 HBM 시장에서의 게임 체인저가 될 것으로 예상된다. 현재 경쟁 구도는 SK하이닉스와 TSMC 연합군, 그리고 삼성전자의 대결 구도이다. 삼성전자는 HBM 밑단의 로직 설계 우위를 바탕으로 총력을 기울이겠다는 전략이다.

HBM에 이어서 차세대 메모리의 첫 후보는 PIM(Processing in Memory)이다. HBM은 연산과 저장 기능은 별도로 두고 그것들 간의 통로를 넓히는 것이지만, PIM은 메모리반도체지만 아예 연산까지 수행하는 게 특징이다. 그동안 메모리반도체는 데이터 저장 역할을 맡고, 사람의 뇌와 같은 기능인 연산 기능은

CPU나 GPU가 담당해 왔다. 그런데 CPU가 주 기억장치인 메모리로부터 명령어를 불러오고 실행하며 그 결과를 다시 기억장치에 저장하는 작업을 순차적으로 진행하다 보니 이 과정에서 CPU와 메모리 간 주고받는 데이터가 많아졌다. 이 때문에 작업 처리가 지연되는 현상이 나타난다. 이를 '폰 노이만 병목 현상'이라 부르는데, 이 문제를 하나의 칩 내부에 메모리와 프로세서 연산기를 집적해 해결했다. 이를 통해 전력 소모도 줄일 수 있다.

LLW(Low Latency Wide) D램도 차세대 메모리로 꼽힌다. 기존 스마트폰에 들어가는 LPDDR5X D램보다 입·출구 수가 8배 많은 512개다. 입·출구 수가 늘어난 만큼 데이터의 이동이 원활해지면서 일반 D램보다 속도가 2배 가까이 커지게 된다. 데이터 처리 용량(대역폭)을 늘려서, 마치 HBM과 유사한 기능을 수행한다. SK하이닉스는 애플의 증강현실(AR) 기기 비전프로 향으로 맞춤형 LLW D램을 단독 공급했다. 애플이 비전프로 용으로 개발한 R1이라는 칩과 연동하는데, R1은 AR 기기 여러 개에 장착된 카메라 센서가 인지한 외부 정보를 받아서 연산하는 프로세서다. 삼성전자도 일반 D램 대비 전력 효율이 70% 개선된 LLW D램을 2025년 출시 계획 중이며, 자사의 확장현실(XR) 기기에 적용할 계획이다.

메모리 업계는 AI로 인해 엄청난 변혁기를 맞이하고 있다. 지금까지 살펴본 HBM, PIM, LLW D램 같은 맞춤형 메모리 시장이 활성화될 것으로 예상된다. 이 변화의 의미는 앞으로는 반도체 개발 초기 단계에서부터 세트(제품) 고객사와 긴밀한 협업이 필요해질 것이라는 점이다. 국내 대표 업체인 삼성전자, SK하이닉스의 더욱 발 빠른 대응이 필요한 시점이다.

# 제2의 HBM, CXL 기술 경쟁

AI 시대가 본격화되면서 학습에 주로 쓰이는 클라우드용 AI 반도체 시장이 커지는 가운데 엔비디아의 독주가 이어지고 있다. 이에 맞서서 오픈AI의 CEO 샘 올트먼이 AI 전용 반도체 공장 건설에 7조 달러(약 1경 원)를 투자할 것이라고 밝힌 데 이어, 소프트뱅크 손정의 회장도 1,000억 달러(약 133조 1,000억 원)를 투자하겠다는 이야기가 나오고 있다. 이는 엔비디아에 대한 의존에서 탈피하겠다는 의지를 보여준 것이다. AI 열풍으로 시스템반도체와 함께 메모리반도체도 새로운 변화가 생기게 되는데, 맞춤형인 HBM의 등장이 그것이다.

HBM은 D램을 뚫어 붙이는 방식으로 대역폭, 즉 데이터가 지나다니는 길을 크게 넓힌 제품이다. 빅데이터를 빠르게 처리하기 위해서는 필수적이다. SK하이닉스, 삼성전자, 마이크론 등 메모리반도체 3사는 HBM 시장 주도권을 두고 치열한 경쟁을 벌이고 있다.

HBM이 상용화 관점에서 이미 열린 메모리반도체 시장을 차지하기 위한 경쟁 아이템이라면, 앞으로 2~3년 후 새로운 먹거리는 '컴퓨트 익스프레스 링크(Compute Express Link, CXL)'가 될 것으로 업계는 예상한다. 최근 AI 시대를 맞아 클라우드에서 처리해야 할 데이터양이 급증하면서, 기존에 여러 개로 나뉘어 있던 인터페이스를 통합해 시스템 용량이나 대역폭을 확장할 수 있는 인터페이스가 필요해졌다. CXL은 메모리 확장성과 공유 두 가지 측면을 고려하고 있다. CXL 기반 메모리는 여러 대의 서버가 메모리를 공유할 수 있기 때문에 서버 구조를 바꾸지 않고도 메모리 용량을 확장할 수 있다. 따라서 가격 부담도 줄어든다. 삼성전자와 SK하이닉스는 모두 세계 최대 정보기술 가전 박람회 'CES 2024'에서 AI 시대 메모리반도체를 선도할 기술 중 하나로 CXL을 꼽았다.

## 데이터 센터가 쏘아 올린 CXL

AI 데이터와 같이 막대한 양의 정보를 빠르게 처리하는 데이터 센터에서는 수천 개 또는 수만 개의 CPU와 GPU, 그리고 메모리와 주변 기기들을 모두 연결해 작동할 필요성이 생겼다. 이에 따라 등장한 것이 바로 CXL이다. CXL을 상세히 풀어 쓰면 Compute는 '연산하다'라는 뜻이고, Express는 '고속', Link는 '연결하다'라는 의미다.

CXL은 고속 입출력 인터페이스 표준인 PCIe(Peripheral Component Interface Ex-press)를 기반으로 CPU, GPU, 가속기 등 여러 장치와 메모리를 빠르게 연결해서 계산한다. AI 연산을 위해선 메모리 용량과 대역폭 확장이 필수인데, 기존 시스템에서는 한계가 있다. CXL을 사용하면 모듈을 추가하는 방식으로 메모리 용량과 대역폭을 크게 늘릴 수 있다. 여러 장치에 CXL 메모리를 효율적으로 나눠 쓸 수 있고, 가속기를 붙여 연산에 활용할 수도 있다.

데이터 센터에서 다양한 컴퓨터들과 주변 기기들을 연결해야 하는 필요성은 2010년대부터 시작됐고, 주요 업체마다 다양한 표준을 제시하고 있었다. 예를 들면, IBM은 2014년부터 Open CAPI(Coherent Acceperator Processor Interface)를 제안했고, HP는 2016년 Gen-Z 컨소시엄을 구성해 독자 표준화를 시도했다. ARM과 화웨이, 퀄컴 등이 제안한 CCIX(Cache Coherent Interconnect for Accelerator) 표준도 2016년부터 논의가 시작됐다.

하지만 이렇게 여러 표준이 난립하는 상황에서 특히 AI의 발전에 따라 GPU 같은 AI 가속기와 메모리 확장에 대한 필요성이 시급해지자, 마침내 CPU 시장을 주도해 온 인텔이 2019년 다양한 표준을 모아 통일된 표준으로 제안한 것이 CXL 1.0 이다. 그 후 CXL 2.0이 나왔고 2023년 11월에는 3.1 규격까지 발표했다.

## CXL 응용 D램 메모리부터 본격화

CXL 응용은 D램 메모리부터 본격화될 것으로 예상된다. 제품은 크게 CXL D램, CXL 스위치(switch), CXL 낸드(NAND) 세 가지로 나눌 수 있고, 핵심은 CXL 스위치다.

첫째, CXL D램은 크게 CPU에 직접 붙는 메모리 확장 모듈(Memory expander)과 메모리 풀에 사용될 것이고, CXL D램 컨트롤러가 필요하다. 현재 삼성전자, SK하이닉스는 중국 팹리스 업체인 몬타지 테크놀로지로부터 CXL 2.0 컨트롤러를 공급받고 있다. 몬타지는 CXL 컨트롤러를 메모리 업체에 판매하고, 메모리 업체는 모듈에 자사의 D램과 몬타지의 CXL 컨트롤러를 탑재해 CXL 메모리를 개발하는 방식이다.

둘째, CXL 스위치가 매우 중요한 역할을 수행한다. 이 스위치는 메모리 풀, 가속기 풀 같은 대량의 CXL 장치들을 모아 연결해 주는 허브 기능을 담당하는 일종의 시스템반도체다. 특히 CXL에서는 CPU를 건너뛰는 대신 다수의 CXL 장치가 서로 연결돼야 하는 만큼, 이 스위치는 CXL 전체 시스템의 가장 중요한 부품이 될 것이다. CXL 스위치 칩 가격이 D램 컨트롤러보다 훨씬 비쌀 것으로 예상된다.

셋째, CXL 낸드는 메모리 풀이 본격화하게 되면 기존의 SSD(솔리드 스테이트 드라이브) 역시 CXL을 통해 과거의 블록 기반 보조 저장 장치가 아닌 메모리로서 재정의될 수 있을 것으로 보인다. 이에 따라 기존 SSD 시장은 점차 CXL 낸드로 진화하게 될 것이며, 이를 위해 기존의 SSD 컨트롤러는 더 고사양의 고부가가치 제품으로 자리매김하게 될 것이다.

# 생태계 구축하는 CXL,
# 거대 시장이 열린다

지금의 CXL은 상용화 초기 단계로 생태계를 구축하는 단계에 가깝다. 데이터 센터를 중심으로 CXL 사용이 시작될 것으로 보고 있다. 당장은 CXL을 지원하는 CPU가 있어야 하므로, 2024년 상반기 출시 예정인 인텔 서버용 CPU '시에라포레스트'가 중요하다. 이것은 CXL 2.0 탑재가 가능한 첫 상용 제품으로 CXL 1.1과도 호환된다. 이에 맞춰 삼성전자, SK하이닉스는 CXL 2.0 메모리 생산을 시작할 예정이다. 따라서 CXL 메모리 시장은 2024년부터 일부 열릴 것이다. 그러나 큰 시장은 CXL 3.0 제품이 본격화되는 2026년 이후에 열릴 것이라고 예상한다. 당장 장밋빛 전망은 금물이다. 더 많은 시간과 노력이 필요하다.

한국이 CXL 시장을 키우고 주도하려면 가장 중요한 것은 CXL 제품들에서의 시스템반도체를 자체 확보해야 한다. CXL D램과 CXL 낸드에서는 컨트롤러가 중요하고, CXL 메모리 풀을 위해서는 CXL 스위치가 핵심이다. 최근 삼성전자와 SK하이닉스가 발표한 CXL 2.0 D램 모듈 제품에는 아쉽게도 한국이 아닌 외국의 컨트롤러가 탑재됐다. 지금부터라도 CXL의 핵심인 시스템반도체들을 한국 팹리스들이 선도적으로 이끌어 갈 필요가 있다. 마침 한국의 벤처 업계에서도 CXL에 대한 관심이 높아지고 있고 투자가 이뤄지고 있다. 국내 팹리스 업체 파두는 기존 사업 영역인 SSD 컨트롤러뿐 아니라 CXL 컨트롤러, CXL 스위치 등의 기술 개발에 투자를 시작한 것으로 알려졌다.

신생 스타트업인 파네시아 역시 CXL 반도체 지식재산권(IP) 개발에 오랫동안 공을 들여왔다. 이 밖에도 메틱스엑스, 프라임마스 같은 국내 업체들이 CXL 기술 개발에 매진하고 있다. 삼성전자, SK하이닉스와 이러한 팹리스들 간 적극적 협업을 기대한다. CXL을 통해 펼쳐질 큰 세상을 한국이 한발 먼저 시작할 수 있도록 정부에서부터 학계까지 통합적인 노력이 이뤄질 필요가 있다.

# 온디바이스 AI 시대 개막

인간의 뇌를 모방한 AI 기술은 1960년대 이후 오랜 시간 연구돼 온 분야다. 그러나 1980년대를 전후해 학습에 필요한 엄청난 계산량으로 현실성 없는 기술로 인식됐다. 2000년대에 접어들면서 딥러닝 학습 알고리즘의 개발과 더불어 그래픽 전용 처리장치인 GPU 반도체의 등장으로 메모리 용량이 증가하면서 학습에 필요한 많은 계산량이 가능해졌다. 이를 통해 딥러닝 기반 AI 기술이 비약적으로 발전하게 됐다.

이후 음성 기반의 AI 서비스와 이미지 분류나 처리를 위한 서비스 목적으로 AI 기술이 발전했다. 그러던 중 2023년 오픈

AI의 챗GPT 열풍이 불면서 딥러닝 기반 클라우드 서버에 고성능 GPU 반도체 사용이 폭발적으로 늘었다. GPU 반도체는 엔비디아가 글로벌 시장의 약 90%를 점유하고 있다. 이에 엔비디아는 최근 미국 증시에서 가장 주목받는 종목 중 하나로 손꼽힌다. 또한 AI 기술 발전에 힘입어 맞춤형 HBM 반도체 수요도 증가했다. HBM 반도체 시장을 주도하는 건 SK하이닉스와 삼성전자다.

지금은 클라우드 기반의 AI 서비스가 중심이다. PC와 스마트폰, 그리고 스마트 기기에 있는 각종 센서 등을 통해 수집한 정보를 데이터 센터의 중앙 클라우드 서버로 전송해 분석한 뒤, 그 결과를 다시 단말기로 받는 방식으로 AI 서비스를 사용하고 있다.

클라우드 기반의 AI 서비스에서 벗어나려는 시도는 스마트폰 분야에서 일어났다. 2017년 애플은 자사 스마트폰 제품인 아이폰에 탑재되는 A11 Bionic AP에 경량화된 AI 반도체인 NPU를 내장해 안면인식 잠금 해제 적용을 시작했고, 2018년에 삼성전자 역시 자사의 AP인 엑시노스 9810에 NPU를 넣어서 3D 이모지 기능을 채용했다. 삼성전자 스마트폰 갤럭시 S23가 촬영한 사진에 있는 사람을 지우거나, 불필요한 영역을 지워 사진을 편집하는 기능을 구현할 수 있는 것도 NPU가 탑재된 덕이다.

스마트폰에서의 온디바이스 AI 시대가 본격화한 건 2018년부터라고 볼 수 있다. 필자는 2018년 ARM의 초청으로 '암 테크 심포지아(ARM Tech Symposia) 2018'에서 키노트 연사로 선 적이 있다. 당시 발표 주제가 〈AI 프로세서: 스마트폰 혁신의 차세대 물결(AI Processor: The Next Wave in Smartphone Innovation)〉이었다. 온디바이스 AI는 물리적으로 떨어진 서버의 연산을 거치지 않고 기기 자체에서 AI 기능을 구현하는 기술을 말한다. 온디바이스 AI는 스마트폰이나 태블릿 PC 같은 하드웨어 플랫폼에서 직접 실행되며, 작동을 위해 온라인 연결이 필요하지 않다는 특징이 있다.

## 온디바이스 AI가 실현하는 많은 서비스

온디바이스 AI는 크게 세 가지 장점이 있다. 첫째, 인터넷 연결이 어려운 상황에서도 사용 가능하며, 단말 기기 내부에서 정보를 처리하기 때문에 저지연을 통한 빠른 작업이 가능하다. 둘째, 클라우드로 전송해 데이터를 통합한 뒤 학습하도록 한 기존 방식에서는 개인 정보가 유출될 위험이 있었는데, 이러한 위험 부담이 줄어든다. 셋째, 서버와 연결되지 않기 때문에 데이터 센터에 투입되는 인프라 비용을 절감할 수 있다.

그리고 온디바이스 AI 기술은 크게 두 가지 응용 분야로 나눌 수 있다. 첫째는 앞서 설명한 스마트폰이다. 스마트폰의 화질 개선, 음성인식, 번역, 통역 서비스가 있다. 또한 자율주행차에서도 매우 중요하게 사용된다. 한 대당 수십 개 이상의 고해상도 카메라와 3D 레이다 및 라이다, 100여 개의 각종 센서로부터 신호를 받아 실시간으로 NPU를 활용해서 자동차 스스로 인지, 판단, 제어한다. 테슬라는 자율주행차 AI용 시스템반도체를 독자 개발하여 사용하고 있다.

둘째는 PC나 가전 분야, IoT 응용 분야다. IoT 기반에 AI를 접목한 지능형 사물인터넷(Artificial Intelligence of Things, AIoT) 기술에 활용되는데, 역시 AIoT용 시스템반도체를 필요로 한다. 이는 스마트홈, 스마트시티, 스마트팩토리 같은 분야나 로봇청소기, 세탁기 같은 가전제품에도 광범위하게 적용될 것이다.

삼성전자는 2024년 1월 미국에서 열린 '갤럭시 언팩 2024' 행사에서 첫 AI 스마트폰인 갤럭시S24를 공개했다. 스마트폰의 온디바이스 AI 시대가 본격화하면서 스마트폰의 핵심인 AP가 더욱 주목받고 있다. 국내와 유럽, 아시아, 아프리카는 엑시노스2400을, 미국과 중국 등 일부 지역에서는 퀄컴 스냅드래곤8 3세대 칩을 혼용해서 탑재하고 있다. 두 칩 모두 핵심 역할을 하는 AI 코어 NPU 성능을 더욱 향상시켰다. 갤럭시S24의 D램 용량은 8GB 또는 12GB다. 향후 사용 메모리 칩의 변화도 예상된다.

갤럭시S24에는 많은 AI 서비스가 담겨 있는데, 그중에서도 생성형 AI와 실시간 통역 기능이 돋보인다. 생성형 AI 탑재 모델로는 오픈AI의 GPT-4, 구글의 제미나이, 이외에도 삼성이 자체 개발한 생성형 AI 가우스가 있으며, 온디바이스 AI로 장착됐다.

가장 강력한 기능은 '실시간 통역 통화(AI Live Translate Call)'다. 별도의 애플리케이션 설치나 인터넷 연결이 필요 없으며, 스마트폰 이용자가 자국 언어로 이야기하면 상대방의 스마트폰 기종과 상관없이 이를 상대국 언어로 바꿔 전달해 주고, 다시 상대방의 말을 통역해 들려준다.

한국어뿐 아니라 영어, 프랑스어, 스페인어, 중국어, 일본어 등 13개 언어를 지원한다. 메시지 번역도 가능하다. 문장 스타

일을 바꾸거나 철자, 문법 오류도 수정해 준다. 또한 통화 내용이 휴대폰 외부로 노출될 가능성도 없어, 사용자는 보안 걱정 없이 안심하고 사용할 수 있다. 자동 통역 기술은 청각 지능, 언어 지능, 학습 지능 등 인간의 다양한 지능을 모방하는 초지능 기술이며, 자동 통역 시스템은 음성인식, 자동번역, 음성합성 기술로 구성된다.

애플은 2024년 6월, 미국 애플파크 본사에서 연례 '세계개발자회의(WWDC) 2024'를 열고 아이폰과 아이패드 등을 구동하는 자사 기기 운영체제인 iOS에 AI 기능을 도입한다고 밝혔다. 애플도 2024년 하반기 출시가 예상되는 아이폰16 시리즈에 '애플 인텔리전스'라 불리는 생성형 AI 기능을 탑재할 것으로 예상된다. 애플의 강점인 메시지, 애플뮤직 같은 서비스에도 생성형 AI를 접목하는 방안을 고려할 것이다. 애플이 오픈AI와 파트너십을 맺고 시리에 챗GPT를 넣기로 한 것도 특별한 발표 내용이었다.

# 최대 전쟁터는 온디바이스 AI

LLM(거대 언어 모델) 사용 시 가장 큰 단점은 훈련과 유지에 막대한 비용과 시간이 소요된다는 점이다. 챗GPT의 GPT-3는 초기 훈련 비용에만 1,000만 달러(약 132억 원)가 투입됐다. 또한, 챗GPT가 전 세계에서 흥행했지만 오픈AI는 최근 수천억 원대의 영업손실을 냈는데, 이는 챗GPT의 훈련 및 유지 비용이 그 원인이었다.

반면에 sLLM(경량화 언어 모델)은 훈련에 요구되는 데이터, 시간, 비용이 상대적으로 적다는 것이 강점이다. sLLM은 단어 그대로 LLM을 경량화한 AI 모델이다. LLM 대비 파라미터(매개변수) 수가 대폭 줄어든 것이 가장 큰 특징이다. LLM은 파라미터가 수천억 개에서 조 단위를 넘나드는 반면, sLLM은 작게는 수천만 개에서 수십억 개 정도이다. 구글, 마이크로소프트, 메타 등 빅테크 기업들 뿐만 아니라 국내 기업들도 매개변수의 수를 줄이면서도 특정 분야에선 범용 모델 못지않은 성능을 발휘하는 방향으로 연구가 진행 중이다. sLLM은 모델 크기가 작아서 스마트폰, 노트북 같은 기기에 탑재하는 온디바이스 AI에서는 필수적이다.

IT 기업들이 온디바이스 AI를 추구하는 것은 제품의 차별화를 위한 큰 흐름이다. 스마트폰의 경쟁력 제고 일환으로 자동 통역 서비스가 중요한데, 2024년에는 여행 중에 자유로운 의사소통이 가능할 것으로 보이고, 좀 더 난도가 높은 비즈니스 회의 통역 수준을 스마트폰에서 온디바이스로 구현하는 것은 시간이 더 필요할 것으로 예상된다. 따라서 당분간 온디바이스 AI와 클라우드 기반 AI 서비스를 모두 지원하는 형태가 바람직할 것으로 보인다.

AI 기능 탑재는 스마트폰뿐 아니라 PC, 가전, 자동차, 보안, 헬스케어 등 실생활의 다양한 분야로 확산되고 있다. 최근 인텔이 출시한 코어 울트라 칩(코드명 '메테오 레이크(Meteor Lake)')은 온디바이스 AI를 위한 NPU를 탑재했다. 향후 이 칩을 채용한 많은 AI PC가 출시될 것으로 보인다.

온디바이스 AI 시장 급성장은 스마트폰용 AP, 자율주행차용 AI 반도체, AIoT가 만드는 다품종 소량 시장의 시스템반도체 수요를 증가시킬 것으로 예상된다. 이는 국내 팹리스 업계가 도약할 수 있는 기회이며, 국내 에지용 NPU 팹리스 업체들인 오픈엣지테크놀로지, 딥엑스, 모빌린트 등이 가전, 자동차, 로봇, CCTV 등 다양한 시장을 타깃한 NPU를 개발 중이다. 이에 따른 맞춤형 메모리 수요 증가로 이어질 것이다. 역시 삼성전자나 SK하이닉스에도 좋은 기회가 될 것이다.

# 온디바이스 AI가 만드는
# 스마트폰 카메라 혁신

최근 스마트폰 카메라가 혁신을 지속하면서 저가 디지털카메라 시장을 잠식한 데 이어, DSLR(디지털 일안 반사식) 카메라 시장까지 위협하는 추세다. 휴대전화에 카메라가 최초로 탑재된 제품은 1999년 출시된 일본 교세라 휴대전화였다. 그다음 해에 삼성은 한국에서 처음으로 카메라폰(SCH-V200/SPH-V200)을 출시했다. 35만 화소 해상도 사진을 20장 촬영할 수 있는 컬러 액정이 탑재된 제품이었다.

　스마트폰 카메라의 사용으로 우리는 누구나 사진작가, 유튜버가 될 수 있는 1인 미디어 시대에 살고 있다. 4G·5G 이동통신의 발전으로 전송 속도가 빨라지고, 소비자는 좋은 화질의 사진을 찍어 즉시 친구들에게 보낼 수 있으며, SNS를 통해 남들에게 쉽게 보여줄 수도 있다.

스마트폰 제조사들은 시장에 새 모델을 출시할 때 높아진 카메라의 성능을 강조하고 있고, 실제 소비자들의 구매 결정에도 카메라 성능이 큰 영향을 미치고 있다. 소비자들의 수요를 반영하고 다른 제조사와 차별화할 수 있는 요소로 카메라가 급부상하면서 스마트폰 제조사 간에 성능 경쟁이 치열해졌다.

스마트폰 카메라의 핵심 기술은 이미지센서(CMOS Image Sensor, CIS)와 이미지 신호 처리(ISP)다. 물체를 인식하기 위해서는 세 가지 요소가 필요하다. 빛을 내는 물체인 광원, 피사체, 그리고 감각기관인 눈이 필요하다. 이 요소 중 어느 하나라도 없다면 물체를 인식할 수 없다.

카메라는 사람의 눈이 물체를 보고 인식하는 과정과 같은 방식으로 동작한다. 홍채는 빛이 들어오는 구멍인 동공의 크기를 조절하는데, 이는 카메라의 조리개와 같은 역할을 한다. 홍채가 동공을 열었을 때 빛은 동공을 지나고 수정체를 지나 망막(retina)에 쪼이게 되고, 망막의 시세포가 이를 인식해 그 정보를 대뇌로 전달해 우리가 보는 상을 인식하게 된다.

사람 눈의 망막 역할을 담당하는 것은 카메라의 이미지센서다. 이미지센서는 피사체 정보를 읽어 전기적인 영상 신호로 변환해 준다. 즉 빛 에너지를 전기적 신호로 변환해 영상으로 만드는데, 이미지센서가 만들어 낸 데이터는 잡음이 많고 왜곡돼 있다. 따라서 색상 개선, 윤곽선 강조, 렌즈 왜곡 보상, 감마 보상, 잡음 감소 등의 목적으로 이미지 신호 처리를 하게 되는데, 이는 약간 복잡한 알고리즘으로 구현된다. 스마트폰 안의 이미지센서와 AP 반도체 부품들이 이를 담당한다.

카메라를 이용해 사진을 찍을 때 기본 단위를 픽셀(pixel)이라고 부른다. 픽셀은 '그림(picture)과 원소(element)'를 줄인 말로 '화소'라고 불리며, 스마트폰 화면의 이미지를 구성하는 최소 단위다. 디지털 이미지들을 크게 확대해 보면 그림의 경계선마다 부드러운 곡선이 아닌 계단같이 연결된 작은 사각형들이 모여 이미지를 형성하고 있는 것을 볼 수 있다. 이 작은 사각형이 바로 픽셀이고, 픽셀 수가 많을수록 섬세하게 표현할 수 있다. 또한 픽셀의 크기가 크면 어두운 밤에도 저조도 특성이 우수해서 화질 좋은 사진을 얻을 수 있다.

# 카메라 혁신의 세 가지 방향

최근 스마트폰 카메라는 세 가지의 기술 혁신을 통해 기존 DSLR 카메라의 화질에 도전하고 있다. 첫 번째 혁신은 고화소 이미지센서를 사용하는 것이다. 1억 화소급의 센서를 도입해 8K 이상의 해상도 촬영이 가능하다. 카메라 화소는 앞으로도 계속 발전할 것으로 보인다. 삼성전자는 이미 1억 화소가 넘는 이미지센서 '아이소셀'을 공개한 바 있다. 이는 대부분의 DSLR 카메라에서도 제공하지 않는 기능이다.

하지만 1인치보다 작은 스마트폰 카메라 센서에 1억 화소로 촬영한다는 것은 매우 세밀한 영상을 재현할 수 있는 반면, 한 개의 픽셀이 받아들일 수 있는 빛의 양이 적어지면서 노이즈가 많은 사진을 촬영하게 된다는 것을 의미하기도 한다.

특히 어두운 곳에서 촬영할 때 이러한 문제는 심각한 품질 문제로 이어질 수 있다. 이를 극복하기 위해 도입된 1억 화소 센서에는 특별한 기능이 있다. 해상도가 감소되기는 하지만 여러 개의 픽셀을 하나의 픽셀처럼 묶어 촬영하는 기능이다. 이러한 방법을 통해 어두운 밤과 같은 저조도 환경에서 삼각대 없이도 밝은 사진을 찍을 수 있는 방법을 제공하고 있다.

두 번째 혁신은 멀티 렌즈의 도입이다. 스마트폰 후면에 한 개의 카메라 렌즈가 아니라 세 개 이상의 렌즈를 탑재하고 있고, 이를 이용해 넓게 찍는 초광각 구도부터 망원 촬영까지 가능하게 하고 있다.

스마트폰에서 카메라 렌즈 개수가 증가하는 이유는 단순하다. 스마트폰의 두께 때문이다. 기본적으로 1센티미터 이하 두께의 스마트폰에는 일반 카메라와 같이 경동이 도출되는 형태의 렌즈 구조를 탑재하기 어렵다. DSLR 렌즈처럼 광각부터 망원까지 한 개의 렌즈로 촬영하기 위해서는 다층 구조의 렌즈 조합이 필요하고, 이에 따라 두께가 두꺼워지는 문제가 생긴다. 이러한 문제를 해결하는 방법이 초광각·광각·표준·망원 등의 역할을 각각 할 수 있는 렌즈를 여러 개 탑재하는 것이다. 이 방법으로 최근에는 10배 이상의 광각 줌 촬영까지 된다니 가히 혁신이라고 할 수 있다.

마지막 세 번째 혁신은 AI다. 최근에 스마트폰 카메라 성능을 가속화한 것은 AI 기술의 도입이다. 사실 AI 기술은 앞에서 얘기한 두 가지의 하드웨어 자원들이 효율적으로 운용될 수 있게 하는 기반 기술이라고 할 수 있다. 이것은 좀 더 상세히 알아보자.

## AI 프로세서로
## 카메라 성능을 가속화하다

스마트폰 안에는 많은 핵심 부품들이 사용되는 데, 가장 중요한 역할은 AP가 담당한다. AP는 스마트폰의 성능을 결정짓고 많은 다른 부품들을 전체적으로 제어하므로 사람의 두뇌에 비유하기도 한다. AP에는 CPU가 있는데 OS와 응용 프로그램들을 구동하며 디스플레이, 카메라 부품, 터치 등 부품들을 제어하는 중앙처리기 역할을 한다.

카메라 성능을 좋게 하려면 딥러닝 기반의 AI 프로세서인 NPU가 별도로 필요하다. 스마트폰의 카메라 이미지를 딥러닝 처리하기 위해 수많은 데이터와 알고리즘으로 컴퓨터를 학습시키기에 기존의 CPU나 GPU는 전력이 너무 많이 소모되고, 비효율적이기 때문이다.

NPU 탑재는 화웨이와 애플이 삼성보다 빨랐다. 화웨이가 개발한 세계 첫 모바일용 AI 프로세서 '기린 970', 애플의 아이폰X에 탑재된 'A11 바이오닉'에 이어, 삼성은 이들보다 1년 늦은 2018년 11월에 자체 AP인 '엑시노스 9820'부터 NPU를 탑재했다. 스마트폰 AI 성능 향상을 놓고 삼성전자, LG전자, 애플, 화웨이가 치열하게 경쟁하고 있다.

스마트폰에서 AI 프로세서인 NPU는 특히 카메라에서 위력을 발휘한다. 예를 들어 자동으로 최적 화질, 최적 모드로 촬영하게 해주는 인텔리전트 카메라 기능을 꼽을 수 있다.

## AI가 사용자 취향에 맞는
## 사진을 만들어 주는 시대

사실 스마트폰 카메라는 많은 기능이 요구된다. 단순하게는 자동 모드에서 사진을 잘 찍는 것부터 저조도에서 노이즈가 적고 밝게 찍는 나이트 샷 기능, 어두운 곳과 밝은 빛이 동시에 있을 때 사진이 잘 찍힐 수 있도록 하는 기능, 사람 얼굴색을 잘 보존하면서 표정이 잘 나타나도록 찍는 얼굴 모드, 빠르게 움직이는 것을 찍는 스포츠 모드 등등 수없이 많은 기능이 존재한다.

이를 위해서는 기존의 논리적인 룰(rule)을 기반으로 사람이 설계하기에는 고려해야 할 변수가 너무 많아 좋은 성능을 내기 어렵다. 이럴 때 활용할 수 있는 것이 데이터와 AI 학습을 통해 문제를 해결하는 것이다.

AI를 활용하면 사용자들은 특별한 조작 없이도 좋은 품질의 사진을 촬영할 수 있게 된다. 보통 카메라로 촬영할 때 여러 장을 촬영하거나, 모션 포토와 같이 여러 장의 연사 촬영을 하기도 한다. 이때 어떤 순간의 사진이 잘 찍힌 사진인지 찾아내는 것은 여간 불편하고 귀찮은 일이 아니다. 이럴 때 AI가 도움을 줄 수 있다. 찍힌 사진 중 베스트 사진을 미리 학습된 패턴을 이용해 자동으로 선정해 주는 것이다. 이를 활용하면 사용자는 그냥 사진만 연속으로 찍으면 되므로 카메라 활용성이 매우 높아질 수 있다.

AI 기술의 혁신이 가속화될수록 사용자들은 무거운 DSLR 카메라 없이도, 전문가가 아니어도, 스마트폰 카메라만으로 오랜 추억을 간직할 수 있는 '인생 샷'을 쉽게 촬영할 수 있게 될 것이다. 앞으로도 AI 프로세서가 스마트폰 카메라의 혁신을 이끌 것은 틀림이 없다.

# 미·중 반도체 패권 경쟁

반도체 산업은 4차 산업혁명의 핵심으로 AI, 빅데이터, 6G, 로봇, 항공우주, 양자컴퓨터를 포함한 슈퍼컴퓨터 활용 및 대륙 간 탄도 미사일 등 방위산업의 근간이다. 반도체 기반의 첨단 기술은 민·군 모두 중요하며, 경제와 국가 안보에 큰 영향을 미친다. 이런 이유로 미·중 반도체 패권 경쟁은 시간이 갈수록 격해질 것이다.

반도체는 설계 – 제조 – 후공정(조립·테스트·패키징) 단계를 거치는데, 미국은 설계 부문만 주도하고 생산과 후공정은 대만, 한국, 중국 등 동아시아 국가들에 의존해 왔다. 반도체 산업은 그동안 세계화에 맞추어서 철저한 분업화가 이루어졌지만, 이제 미국은 자국 내 반도체 직접 생산을 통한 글로벌 반도체 공급망의 새로운 질서를 주도하고 있다.

특히, 미국은 중국의 반도체 산업 발전을 심각한 국가 안보 위협으로 규정해 중국 제재를 강화하고 있다. 트럼프보다 바이든 시대로 오면서 더욱 정교하고 일관된 추진을 진행 중이며, 의회도 초당적으로 지원하고 있다.


## 미국이 중국을 견제하는 이유

두 가지 이유였다. 첫째는 팬데믹을 거치면서 반도체 공급망의 중요성을 깨달았다. 2020년 팬데믹이 한참이던 시절에 반도체 부족으로 전 세계 자동차 공장이 멈춰 섰다. 제너럴모터스(GM)와 테슬라 북미 공장이 가동을 중단했다. 코로나의 세계적 확산 사태로 반도체 공급 부족에 시달리자, 조 바이든 행정부는 취임 직후인 2021년 2월부터 반도체와 전기차 배터리 등 네 가지 주요 품목의 공급망에 대한 조사에 들어갔고, 반도체 등의 생산시설을 미국으로 끌어오는 움직임을 본격화했다.

중국의 위협을 받는 대만이나 비우호적 국가에 반도체 생산시설을 두는 것이 위험하다는 이유였다.

실제로 미국 빅테크 기업들은 자체 설계한 반도체 제조를 해외 파운드리 업체, 특히 대만의 TSMC에 대부분 의존한다. 특히 군사용·우주항공용 반도체 등 국가 안보와 직결되는 첨단 반도체 제조 공정을 미국 내에서 수행하지 못한다. 미국이 공급망에 근본적인 위기감을 가질 수밖에 없는 배경이다. 반도체 생산 거점과 시장 지배력이 동아시아에 편중돼 지정학적 위험이 크다고 본 것이다. 2023년 기준으로 시스템반도체의 약 90%, 메모리반도체의 약 75%가 동아시아에서 생산된다.

둘째는 중국의 성장이 가파르며 이는 미국의 위협이 될 수 있다는 이유다. 특히 중국 반도체 업체들이 정부의 각종 지원을 토대로 빠른 성장세를 보이면서 상당한 기술력을 확보하고 수출 비중도 키워왔다는 점이 우려되었다. 중국이 G2 경제 대국으로 성장한 결정적 계기는 2001년 세계무역기구(WTO) 가입이다. 중국은 미국 중심의 국제 분업 체제로 편입되면서 수출 대국이자 세계의 공장으로 우뚝 솟았다.

소련 붕괴 이후 세계 패권을 장악한 미국은 개혁개방에 나선 중국을 미국 주도의 자본주의 체제로 편입시키려는 원대한 구상이 있었다. 그렇지만 미국의 의도대로 되지는 않았다. 중국은 미국이 9·11 테러(2001년)와 금융 위기(2008년)로 발목이 잡힌 사이 무서운 기세로 성장했다. 2010년, 국내총생산(GDP) 규모에서 세계 2위 일본을 추월했다.

이런 상황에서 중국은 2015년에 '제조 2025'를 발표한다. 핵심부품과 자재의 국산화율을 2020년까지 40%로 끌어올리고, 2025년에는 70%까지 달성하면서 차세대 정보기술, 로봇, 항공우주를 비롯한 10대 핵심 산업을 세계 최고 수준으로 끌어올리겠다는 목표다. 이 계획은 미국을 자극했다. 당시 도널드 트럼프 미국 대통령은 2018년 무역전쟁을 시작해 중국의 계획을 막으려고 했다.

미국은 반도체 산업을 자체 육성하거나 안정적 공급망을 확보하지 못한다면 자칫 중국에서 반도체를 사오거나, 제조를 맡겨야 하는 끔찍한 상황이 생길 수 있다고 보았다. 중국을 대표하는 기업이며 세계 통신장비 시장 1위, 스마트폰 시장 3위 업체이자, 하이실리콘이라는 뛰어난 팹리스를 자회사로 가지고 있는 화웨이는 미국이 가장 두려워 한 기업이었고, 제재 1순위가 될 수밖에 없었다.

# 미국의 중국 제재

미·중 반도체 패권 경쟁에서 미국의 중국 제재는 크게 두 가지이다. 반도체는 설계와 제조로 나눌 수 있는데, 미국은 이를 위한 설계 툴과 장비 두 가지를 제재 수단으로 사용하고 있다.

반도체 설계 툴은 EDA(Electronic Design Automation)라 부르는데, 반도체 집적회로(IC) 디자인을 설계하고 검증할 때 필수로 사용하는 소프트웨어다. 제조 전 시뮬레이션으로 회로 설계와 오류를 판단하고 문제를 검증하게 된다. 중국이 반도체 굴기에 성공하려면, 반도체 산업의 출발선인 설계 단계에 꼭 필요한 EDA 툴 국산화를 성공시켜야만 할 것이다. 세계 반도체 EDA 시장 점유율은 미국의 시놉시스(Synopsys), 케이던스(Cadence), 독일 지멘스(Siemens)가 차지하고 있다. 하지만 지멘스 EDA도 2016년 미국 멘토(Mentor) 사를 인수 합병한 것이고, 아직도 본사가 미국 오리건주에 있으므로, 미국 3사가 세계 시장 70% 수준을 독점하고 있는 셈이다.

제조 장비도 미국 기업으로는 어플라이드 머티어리얼즈(Applied Materials)와 램리서치가 대표적이고, ASML, 도쿄일렉트론(TEL)이 있는데, 이 4개 회사가 세계 시장 70% 정도를 차지하고 있을 정도로 막강하다. 결국 미국이 설계, 제조 분야에서 원천기술을 모두 가지고 있는 셈이다.

바이든 정부는 이 두 가지 설계와 제조 장비를 중국 제재 수단으로 사용했고 트럼프는 이 외에 관세정책을 활용하고 있는 셈이다. 미·중 반도체 전쟁에서 미국의 중국 제재는 대통령의 정책 방향에 따라서 크게 세 단계로 나누어 볼 수 있다. 진행되면서 압박의 방식은 달라졌지만, 강도는 누적되는 방향으로 진화해 왔다. 세 시기는 각각 개전-제도화-재가속의 단계로 요약할 수 있다.

트럼프 1기(2017~2020년)는 트럼프 대통령의 첫 집권 시기인데, 미·중 반도체 전쟁의 출발점이다. 반도체를 산업 정책이나 안보 전략이 아닌, 무역전쟁의 핵심 무기로 인식했다. 중국을 불공정 무역과 기술 탈취의 주범으로 규정하고, 화웨이, ZTE 제재와 고율 관세를 통해 강한 압박을 가했다. 이 시기 정책의 특징은 속도와 파괴력이었지만, 동맹과의 조율이나 장기 전략은 상대적으로 부족했다. 결과적으로 중국에 기술 자립의 위기의식을 강하게 심어주는 계기가 되었다.

따라서 바이든 행정부(2021~2024년)에서는 제도적·전략적으로 정교화했다. 핵심은 반도체를 국가 안보의 핵심 인프라로 인식하고, '반도체 칩과 과학 법(칩스법)' 같은 대규모 산업 정책으로 미국 내 제조 역량을 강화한 점이다. 동시에 미국은 네덜란드, 일본, 한국, 대만 등과 반도체 공급망 협력을 강화해 중국의 첨단공정 접근을 차단하는 수출 통제 체계를 구축했다. 특히 고성능 AI 칩, 첨단 장비, EDA 소프트웨어 등에서 중국을 봉쇄하는 정밀한 규제를 통해 '첨단 분야만 격리하는 관리형 봉쇄' 전략을 구사했다. 바이든 시대의 핵심은 중국을 전면 배제하기보다 첨단 영역만 확실히 막는 관리된 봉쇄였다.

트럼프 2기(2025년~)는 트럼프가 재집권하면서 바이든이 구축한 제도 위에서 압박을 더욱 강화하는 국면으로 진행 중이다. 반도체는 다시 한번 협상 카드이자 안보 무기로 활용되며, 수출 통제의 범위가 AI 반도체에서 데이터센터, 클라우드 서비스까지 확장되는 양상을 보인다. 동맹 조율보다는 미국 주도 속도전이 강조되며, 기업과 동맹국에는 더 큰 불확실성과 선택 압박이 가중되고 있다. 바이든이 '규칙으로 묶은 봉쇄'를 만들었다면, 트럼프 2기는 그 틀을 유지한 채 강도와 적용 범위를 넓히는 단계라 할 수 있다.

종합하면, 트럼프 1기는 반도체 전쟁의 포문을 열었고, 바이든은 이를 제도화·동맹화했으며, 트럼프 2기는 그 위에서 압박을 재가속하고 있다. 트럼프 2기에서는 반도체 정책의 핵심 축이 다시 관세·통상 압박으로 이동했다. 관세가 '중심 정책'으로 부상하며 무역 협정과 산업 전략 전반에 큰 영향을 주고 있다. 반도체를 포함한 전략산업에 대한 관세를 적극 검토·부과하고 있다. 중국뿐만 아니라 우리나라도 안심할 수는 없는 상황이다.

트럼프 대통령이 2026년 1월에 서명한 포고문의 핵심은 미국을 경유 제3국으로 재수출되는 특정 첨단 반도체에 25%의 관세를 물리는 것이다. 그 대상은 엔비디아 'H200'과 AMD 'MI325X' 등이다. 이를 전형적인 '통행세'로 규정하며 당장은 우리 기업에 미칠 직접적인 영향은 낮게 보고 있지만, 한국의 메모리도 영향권에 들어오고 있다. 미 상무장관은 뉴욕주 마이크론 신규 공장 착공식에서 기자들과 만나 "모든 메모리 생산 기업에는 두 가지 선택지만 존재한다"라며 "100% 관세를 지불하거나, 미국에서 제품을 생산하는 것"이라고 밝혔다. 우리나라 반도체 기업들도 이 같은 흐름에 대응해 관세를 피하거나 유리한 대우를 받기 위해 삼성전자, TSMC·SK하이닉스는 미국에 생산시설을 확대해야 할 구조적 압력이 강화되고 있다. 미국에 메모리 공장이 없는 삼성과 SK하이닉스는 초긴장 상태다. '메모리 관세'라는 강수를 둔 배경에는 최근 HBM

발 메모리 칩 공급난이 위기감으로 작용한 것으로 보인다.


## 중국의 대응, 만만치 않다

미국의 강력한 반도체 수출 통제에도 중국이 천문학적 투자로 기술 자립을 가속하면서 우리나라 반도체 산업이 첨단 메모리 기술 격차 유지와 공급망 다변화라는 이중 과제에 직면했다. 중국 정부는 반도체 산업을 국가전략 차원의 핵심 산업으로 지정하고 막대한 자금 지원을 하고 있다. '반도체 굴기' 전략 아래 '국가 반도체 펀드(Big Fund)' 등을 통해 설계, 제조, 장비, 소재 등 전 분야에 자본을 투입하고 있다.

중국 반도체 산업은 2020년 이후 급성장세를 보이고 있지만, 첨단공정에서는 여전히 2~3세대 기술 격차를 보인다. 첨단공정 기술의 격차와 미국·네덜란드 등의 장비 의존이 여전히 존재하고 있다. 그러나 중국 정부의 강력한 전략과 투자 덕분에 AI 반도체 설계 및 성숙 공정에서는 눈에 띄는 진전을 이루고 있으며, 이는 글로벌 반도체 경쟁의 판도를 흔들고 있다. 중국 반도체 산업은 양적 확대와 내수 중심 성장을 기반으로 빠르게 발전하고 있다. 시장조사업체 트렌드포스는 2027년에는 중국이 대만을 제치고 세계 1위를 차지할 것으로 전망할 정도이다.

중국은 막강한 제품(세트) 시장을 기반으로 파운드리와 팹리스를 잇는 생태계가 만들어질 것이고, 미래 AI, IoT 등 4차 산업 제품과 부품 경쟁력도 갖추게 될 것이다. 대표적인 예로 중국의 데이터센터용 AI 반도체를 개발하는 캠브리콘과 자율주행 칩 국산화를 이끄는 호라이즌 로보틱스가 있다. 또한 로봇청소기 세계 1등 기업인 중국의 로보락 제품에 들어가는 핵심칩도 온디바이스 AI인데, 중국은 자체 개발해서 사용 중이다. 올위너 사의 'T527' 칩이 들어 있다. 반면에 삼성 로봇 청소기는 퀄컴사의 칩을 채용하고 있다. SMIC를 제외한 화홍, 넥스칩 등 중국 파운드리들은 레거시(28나노 이상) 공정 중심으로 생산하고 있다. 따라서 선단 공정은 한국이 우세하나 레거시 공정은 중국이 우세하다.

중국의 메모리 반도체 산업은 CXMT와 YMTC를 중심으로 빠르게 성장 중이다. CXMT는 D램 및 HBM을, 낸드플래시는 YMTC를 중심으로 기술력을 향상시키고 있다. 중국의 거대한 내수 시장과 정부의 적극적인 지원을 바탕으로 우리나라 기업과의 격차를 빠르게 좁혀갈 것으로 전망된다. 중국 메모리 업체들이 범용 시장에서 빠르게 추격하고 있어 한국 기업들의 HBM 등에서의 초격차 기술 확보가 매우 중요하다.

중국 내 대표 장비업체들이 글로벌 파운드리 시장에서 기술 경쟁력을 인정받고 있으며, 특히 식각 장비는 TSMC의 7나노 공정에 공급될 수준에 이르렀다. 또한, 후공정의 범용 패키징·테스트 장비도 생산성과 신뢰성에서 점유율을 점차 확대 중이다. 원재료 정제 기술 분야는 세계 시장 점유율 90%로 압도적 우위를 점하고 있고 화합물 전력 반도체의 탄화규소SiC(Silicon Carbide)·질화갈륨GaN(Gallium Nitride) 웨이퍼 생산 기술은 높은 점유율과 원가 경쟁력을 기반으로 글로벌 공급망에서 전략적 지배력을 확보한 것으로 보인다.

포토리소그래피 SMEE는 90나노/65나노급 DUV 기술 개발 성공했고, 최첨단 EUV 시제품 개발 중이며, 중급 이하 성숙 공정의 범용 제조·패키징 장비 중심으로 자립화 중이다. 에칭, 세정, 증착 장비는 중국 내 수요 일정 부분 충족시키고 있다.

# 7나노 반도체 탑재한
# 화웨이 스마트폰

중국 화웨이가 2020년 4월, 스마트폰 판매량에서 삼성전자를 제치고 세계 1위를 차지한 적이 있었다. 미국은 같은 해 5월, "제3국 반도체 회사들도 미국 기술을 부분적으로라도 활용했다면 화웨이에 제품을 팔 때 미국 정부의 허가를 받아야 한다"라는 조치를 발표했다. 화웨이는 반도체 자회사인 하이실리콘이 반도체를 설계해도 파운드리 업체인 TSMC를 통해 칩 생산이 불가능해졌고, 삼성전자와 SK하이닉스로부터도 메모리반도체 공급을 받을 수 없게 됐다.

2022년 10월에는 미국 상무부가 18나노 이하 D램, 128단

이상 낸드플래시, 핀펫(FinFET) 기술을 사용한 14나노 이하 시스템반도체 생산 장비의 중국 수출을 통제한다고 밝혔다. 중국의 D램 기업인 창신메모리, 낸드플래시 기업인 양쯔메모리 같은 메모리반도체 기업과 중국 최대 파운드리 기업인 SMIC의 기술 발전을 막기 위한 조치였다. 이는 미국으로선 매우 강력한 중국 제재였다.

그러나 이런 상황에서도 화웨이가 2023년 8월 29일, '메이트 60 프로'라는 신제품 스마트폰을 전격 공개했다. 이 제품에 탑재된 '기린 9000s' AP는 하이실리콘에서 자체 설계했고, SMIC가 7나노 공정으로 제조한 것으로 알려졌다. 이 AP에는 5G 모뎀이 탑재됐다.

이 제품은 지나 러몬도 미국 상무부 장관의 방중 시기에 공개됐는데, 미국의 압박과 제재하에서도 중국은 반도체 설계에서 제조까지 기술 자립을 이뤄냈다는 것을 과시하고자 했던 의도가 엿보이는 대목이다. 특히 중국에서는 지나 러몬도 장관이 신제품 홍보 모델로 합성된 가짜 광고 이미지가 등장하기도 했다.

# SMIC 7나노 반도체의 두 가지 의문점

화웨이 스마트폰에 탑재된 7나노 반도체는 하이실리콘이 설계했고, SMIC가 제조했다. 그러나 두 가지 의문점이 떠오른다.

첫 번째 의문점은 설계 부분이다. 설계상 두 가지의 어려움이 있는데 어떻게 해결했는지가 의문이다. 앞서 설명했듯이 반도체를 설계하기 위해선 전자 설계 자동화(EDA) 툴을 사용해야 한다. 반도체 설계 시 시뮬레이션을 통해 회로 설계 및 오류를 검출하고 해결하는 소프트웨어인 EDA는 미국 회사인 케이던스와 시놉시스 두 회사의 시장 점유율이 60% 이상을 차지하고 있다. 또 CPU는 영국 ARM의 것을 기반으로 AP를 설계해야 한다. 화웨이의 기린 9000s도 ARM의 기술을 사용했을 가능성이 크다.

두 번째 의문점은 제조 부분이다. 반도체 분석 기관 테크인사이츠가 분해한 결과에 따르면, 화웨이 기린 9000s는 SMIC 7나노 공정으로 생산됐다. 이미 SMIC는 2021년에 7나노 공정을 적용한 비트코인 채굴용 칩을 공급한 바 있다. 일종의 테스트 칩을 만들어 본 셈이다.

웨이퍼 위에 회로 패턴이 담긴 마스크상을 빛을 비춰 회로를 그리게 되는데, 여기서 패턴을 형성하는 방법은 흑백사진을 만들 때 필름에 형성된 상을 인화지에 인화하는 것과 유사하다. 이때 패턴을 그려 넣는데 사용하는 '붓'으로 빛을 사용하기 때문에 '포토 공정'이라고도 한다. 이 과정에서 DUV(Deep Ultraviolet, 심자외선)나 EUV(Extra Ultraviolet, 극자외선) 장비를 사용한다.

　노광 공정에서 회로를 그릴 때 더 촘촘하게 그려 선폭을 좁히려면 노광 공정에 사용하는 빛의 파장을 줄여야 한다. 그런데 파장이 짧아질수록 빛을 얻어내는 것부터 어렵고, 주위 물질에 쉽게 흡수되는 문제점이 있다. 네덜란드의 ASML은 10년이 넘는 연구 끝에 13.5나노미터의 매우 짧은 파장의 빛을 사용하는 EUV 노광장비 상용화에 성공했다. DUV 공정에 적용 중인 불화아르곤(ArF) 광원은 193나노미터 파장이다. EUV는 DUV 대비 훨씬 파장이 짧기 때문에, 더 미세하고 오밀조밀하게 패턴을 새길 수 있다. DUV 장비는 미세회로를 만들기 위해 수차례 노광 공정을 반복해야 하지만, EUV 장비는 공정 단계를 줄일 수 있어 생산성을 획기적으로 높일 수 있다.

　SMIC의 기린 9000s의 7나노 제조는 미국의 제재로 EUV 도입이 어려웠으니 DUV 장비만을 활용한 것으로 알려졌다. 가령 EUV 장비로 7나노 반도체를 만들 때 웨이퍼에 패턴을 새기는 작업을 1회 하면 된다면, DUV 장비를 사용할 경우 같은 과정을 여러 번 반복해야 한다. 당연히 시간도 오래 걸리고 비용도 많이 들 수밖에 없다. TSMC도 초반에는 이러한 방식으로 7나노 반도체를 생산하다가 비용과 시간 등의 문제로 인해 EUV 장비로 전환한 바 있다.

## 기술력 확보한 중국, 한국과 경쟁 심화가 예상된다

화웨이 7나노 스마트폰 출시에 대한 의미를 세 가지로 정리할 수 있다.

첫째, 양산성은 떨어지지만 중국이 7나노 공정의 기술력을 확보했다는 점은 미국이 우려할 만한 사안이다. 물량이 많지 않은 군사용 반도체는 얼마든지 설계·생산이 가능하다는 이야기이기 때문이다. 엔비디아의 TSMC 7나노 A100 GPU 칩 수준의 AI용 GPU 칩을 화웨이가 개발 중이라는 보도가 있었고, 이는 충분히 가능한 일이다.

둘째, 스마트폰에 들어가는 첨단 AP에 대한 화웨이의 설계 능력이 건재하다는 점이다. 미국 제재 이후 한때 세계 1위를 넘봤던 화웨이의 스마트폰 출하량은 약 2억 대에서 3,000만 대 아래로 급감했지만, 하이실리콘의 설계 인력은 거의 그대로 유지하고 있다.

셋째, 중국인을 중심으로 애국 시장이 만들어지면서 화웨이가 스마트폰으로 재기할 가능성을 주목해야 한다. 화웨이는 구글 안드로이드를 쓰지 않고, 자체 개발한 스마트폰 OS '하모니(鴻蒙)'를 쓴다. 하모니는 스마트폰뿐 아니라 자동차, TV, 태블릿 PC, 생활가전 등 가전과 스마트팩토리 등으로 영향력을 확대하고 있다. 향후 중국이라는 큰 시장을 기반으로 IT 생태계 토대를 만드는 중요한 역할을 수행할 수 있다.

앞으로 미국의 대중 규제는 전선이 넓어지면서 더욱 강화될 가능성이 크지만, 중국은 중국 정부의 강력한 지원 하에 반도체 국산화 전략이 지속될 것이다. 특히 장비·소재 분야에 대한 투자가 공격적으로 이뤄질 것으로 보인다. 이로 인해 한국에 미칠 영향은 매우 크다. 중국 1위 파운드리 기업인 SMIC는 2019년 14나노 공정 기술 확보에 이어, 2023년 7나노 공정 기술도 개발했다. 비록 지금은 수율이 낮지만, 개선 노력을 할 것이다. 구형(레거시) 공정을 기반으로 한 제조라인에 대한 투자를 더욱 늘릴 가능성이 있다.

메모리반도체 분야에서 D램은 시간이 걸리겠지만, 낸드플래시 분야는 양쯔메모리가 높은 수준에 와 있다. 팹리스는 우리나라보다 훨씬 앞서 있다. 2,000여 개 회사가 있고, 질적으로 우수한 팹리스도 제법 많다. 군사용, RF 칩, 전기차에 활용되고 있는 GaN(질화갈륨)과 SiC(실리콘 카바이드) 두 종류의 화합물 반도체에도 많은 투자를 하고 있다.

중국은 절대 만만치 않다. 파운드리, 낸드플래시, D램, 화합물 반도체 등 모든 분야에서 한국 기업과 경쟁이 심화할 것으로 보인다. 7나노 반도체를 탑재한 화웨이 스마트폰 출시를 계기로 한국 기업에 미치는 영향을 예의 주시하고 종합적인 대책을 마련해야 할 것이다.

# 격화되고 있는 빅테크들의
# AI 반도체 전쟁

구글, 아마존, 마이크로소프트, 메타 등 하이퍼스케일러는 초
거대 AI 모델 확산과 함께 AI 반도체 수요가 폭증하자, 엔비디
아 범용 GPU에 대한 의존이 구조적 리스크가 되고 있음을 인
식했다. GPU는 뛰어난 범용성과 생태계를 갖추고 있지만, 가
격이 비싸고 공급이 제한적이며, 자사 서비스에 완전히 최적
화되기 어렵다는 한계를 가진다. 이에 따라 하이퍼스케일러의
자체 칩 개발이 본격화되고 있다. 또한 AMD 같은 후발 주자
들의 추격이 맞물리며, AI 반도체 시장은 엔비디아의 독주 체
제 속에서 전례 없는 격전지가 되어가고 있다. 엔비디아의 독

점 시장 구조는 다극화되고 있는 양상이다. 바야흐로 AI 반도체 전쟁이 본격화되고 있다.

## 컴퓨팅 연산을 처리할
## AI 반도체는 GPU, NPU가 있다

AI 반도체는 사용처에 따라서 데이터센터용, 에지향(온디바이스 AI)으로 구분되고, 어떤 일을 하느냐에 따라서 학습(training)용과 추론(inference)용으로 나눌 수 있다. 그리고 구현 방법을 고려해서 크게 GPU, NPU, TPU가 활용된다.

GPU는 AI 반도체의 여전히 핵심 역할을 담당하고 있고 엔비디아가 주도하고 있다. 엔비디아가 AI 산업의 주축으로 떠오른 이유는 그래픽 처리에 쓰이던 GPU가 AI 연산에 사용되면서이다. GPU는 컴퓨터 그래픽 처리를 위한 용도로만 쓰였는데, 2006년 처음으로 CPU의 응용 프로그램 계산에 GPU의 연산 처리 성능을 사용하는 GPGPU(General-Purpose computing on Graphics Processing Units, GPU 상의 범용 계산) 기술이 등장하게 된다. 엔비디아가 그래픽 카드 기업에서 AI 기업으로 거듭난 이유가 바로 이 GPGPU 기술을 AI 연산에 가장 빠르게 활용하였기 때문이다. 수천 개의 연산 유닛을 동시에 구동하는 병렬처리 구조 덕분에 대규모 딥러닝 학습에 가장 적합하다. 현재도 데이터센터 AI 투자 대부분은 GPU 기반이며, 최신 GPU는 학습뿐 아니라 추론 성능까지 강화하며 범용성을 넓히고 있다. 다만 GPU가 단순 연산 처리에 최적화된 구조인 까닭에 전력 소모량과 비용이 높다는 게 단점이다. 그래서 등장한 것이 AI 처리에 특화된 NPU다.

NPU는 신경망 전체의 연산 흐름을 효율적으로 처리하는 데 목적을 둔 반도체이다. 단순한 행렬 곱뿐만 아니라 합성곱, 활성화 함수, 정규화, 어텐션 등 실제 신경망 추론에 필요한 다양한 연산을 하드웨어 차원에서 최적화한다. GPU는 범용 AI 연산이 가능하지만, NPU는 특정 AI 연산(예: CNN, Transformer, RNN 등)에 맞게 구조를 설계하여 AI 추론이나 에지 디바이스에서 최소한의 전력으로 최대한의 성능을 낼 수 있다. 특히 스마트폰, 자동차, 로봇, 드론과 같은 에지 디바이스에 탑재되기 때문에 저전력, 저지연 특성이 가장 중요한 설계 목표가 된다. 이것으로 인해 NPU는 대개 SoC 내부 IP 형태로 CPU, GPU(적은 성능)와 함께 통합되어 사용되며, 실시간 판단과 즉각적인 반응이 요구되는 환경에서 강점을 가진다.

NPU의 일종인 TPU가 있다. 구글의 AI 모델 '제미나이3'가 챗GPT를 위협하는 성능을 보이자, 이를 학습시킨 TPU에 관심이 쏠린다. 이 TPU는 오래전에 개발이 시작되었다. 2016년 이세돌과 대결을 펼쳤던 알파고1.0부터 TPU가 사용되었지만, 인공지능의 학습 방식이 기존 GPU만 사용하던 때와 큰 성능 차이가 없어서 TPU의 장점이 바로 드러나지 못했다. 그러다가 2017년 커제 9단과 맞붙는 알파고 2.0은 TPU의 장점을 최대한 살릴 수 있었다.

TPU는 대규모 데이터센터 환경에서 AI 모델의 학습과 추론 모두에 최적화되어 있는 반면에 NPU는 주로 추론에 특화되어 있다. TPU는 GPU 대비 전력 효율과 비용 효율이 높아 대규모 모델을 장기간 운영하는 데 유리하다. TPU 핵심은 '시스톨릭 어레이(Systolic Array)' 아키텍처이다. 동일한 기능을 가진 처리 요소(Processing Element)들을 격자 형태로 배치하고, 물결처럼 흐르면서 각 단계에 필요한 연산을 수행해 낸다. TPU는 주로 구글 클라우드 내부에서 사용되지만, 점차 외부 고객에게도 개방되며, GPU 대체재는 아니지만 충분히 차별화 수단으로 자리 잡을 것으로 보인다.

2026년 1월 27일 MS는 추론에 특화한 AI 반도체인 '마이아 (Maia) 200'을 공개했다. 마이아도 TPU처럼 NPU 중에 하나라고 보아야 할 것 같다. 그렇지만 TPU는 대규모 학습을 하지만, 마이아는 학습은 최소화하고 추론을 강화했다. MS 발표에 의하면, 마이아는 아마존의 '트레이니엄' 3세대보다 3배 높고, 연산 효율성은 구글의 7세대 텐서 처리장치(TPU) '아이언우드' 보다 뛰어나다.

데이터센터 구축 시에는 이기종 컴퓨팅(Heterogeneous Computing) 구조로 진화하고 있다. 대규모 모델 학습은 GPU나 TPU가 담당하고, 서비스 단계의 대량 추론은 NPU나 추론 전용 ASIC이 처리하는 방식이 하나의 예가 될 수 있다. 하나의 데이터센터 안에서도 여러 종류의 AI 칩이 역할을 나눠 쓰이는 것이 보편화될 것으로 예상된다.

## 자체 개발에 올인 중인 빅테크 기업들

AI 반도체 시장은 GPU 독주 시대에서 벗어나 역할 분화와 공존의 시대로 이동 중이다. 학습 중심의 GPU, 클라우드(학습,

추론) 전용 TPU, 추론 중심의 마이아 AI 반도체, 에지향의 저전력·고효율 추론용 NPU가 각자의 영역을 확보하며 경쟁과 협력을 동시에 펼치고 있다. 분명한 사실은 엔비디아의 지배에서 벗어나려는 노력이 진행 중이라는 점이다. 구글은 학습, 추론 둘다, MS는 학습은 엔비디아 GPU를 사용하고 추론은 벗어나겠다는 점이 다르다. 중장기적으로는 어떤 단일 칩이 모든 AI 연산을 지배하기보다는, 용도에 맞는 최적의 AI 반도체를 조합해 사용하는 맞춤형 ASIC 구조가 AI 산업의 표준으로 자리 잡을 가능성이 크다. 브로드컴(Broadcom)은 이러한 빅테크 기업들의 칩 설계를 돕는 핵심 파트너로 협력하며 실적이 급성장했다.

하이퍼스케일러들은 자체 AI 반도체가 엔비디아의 GPU를 완전히 대체하기보다는 보완하는 역할을 할 것으로 생각된다. 앞으로 AI 반도체 시장은 엔비디아 중심의 범용 GPU 생태계와, 하이퍼스케일러 중심의 맞춤형 ASIC 생태계가 병존하는 구조로 진화할 것으로 보인다.

이들 기업과는 별개로 움직이는 반도체 기업이 AMD이다. AMD는 전통적으로 CPU(에픽, EPYC)와 GPU(라데온, Radeon) 중심 기업이었지만, 데이터센터 AI 인프라와 AI 지원 PC 시장을 동시에 공략하고 있다.

데이터센터용 AI 가속기 GPU인 AMD 인스틴트 시리즈(In-stinct Series)는 AMD AI 사업의 핵심 축이다. 2025년 10월에는 AMD가 오픈AI에 연간 수백억 달러 규모로 AI 칩을 공급할 것이라고 발표했다. 2026년 하반기부터 시작하여 수년에 걸쳐 6기가와트에 해당하는 수십만 개의 AMD AI 칩 또는 GPU 공급 내용을 담고 있다. 이와 함께 오픈AI는 거래 기간 동안 AMD의 지분 약 10%를 매수할 수 있는 옵션을 받기로 했다. 이와는 별도로 오픈AI도 자체 칩 개발을 추진 중이다.

엔비디아는 AI 반도체 경쟁의 출발점이자 최강자이다. 생성형 AI 붐의 실질적 승자는 엔비디아라는 평가가 나올 만큼, 데이터센터용 GPU는 AI 학습과 추론의 사실상 표준으로 자리 잡았다. 엔비디아의 경쟁력은 단순한 칩 성능이 아니라 쿠다를 중심으로 한 소프트웨어 생태계에 있다. 작년 말에는 엔비디아는 비독점적 라이선스 계약 형태로 추론 특화 스타트업인 그로크(Groq)의 기술과 핵심 인력을 대규모로 흡수했다. 엔비디아가 훈련 우위에 추론까지 강화하며 시장 지배력을 더 공고히 하려는 시도이다. 향후 AI 칩 전쟁은 더욱 뜨거워질 전망이다. 그러나 경쟁자들이 엔비디아의 독점 지배력을 단기간에 위협하긴 어려울 것으로 예상된다.

또 국내 퓨리오사AI, 리벨리온, 딥엑스, 모빌린트 등 NPU 개발 스타트업들 역시 공급 다변화 움직임을 기회 요인으로 삼아서 노력 중이다. 올해 실제 칩 양산이 본격화되며 국내뿐만 아니라 글로벌 AI 인프라 시장으로 진출계획을 가지고 있다. 본격 도약하는 한 해가 되길 응원한다.

## AI 반도체 전쟁의 또 다른 축, HBM

AI 반도체와 함께 쓰이는 필수 핵심 메모리인 HBM은 국내 SK하이닉스, 삼성전자와 미국의 마이크론 3사가 공급하고 있다. 시장조사업체 카운터포인트리서치에 따르면 2025년 3분기 매출 기준으로 보면, SK하이닉스(57%), 삼성전자(22%), 마이크론(21%)이 차지했다.

빅테크들의 자체 칩 개발 경쟁은 HBM 시장을 장악하고 있는 SK하이닉스, 삼성전자엔 호재가 될 것으로 보인다. 엔비디아 GPU만으로는 급증하는 AI 인프라 수요를 감당하기 어려운 상황에서 추가적인 수요 발생이 될 수 있기 때문이다. AI

반도체가 다양해질수록 칩 종류와 상관없이 필수로 들어가는 HBM 수요는 함께 늘어날 수밖에 없다는 점에서 국내 메모리 기업들은 구조적으로 유리한 측면이 있다

SK하이닉스는 엔비디아와 굳건한 협력을 이어가는 중이다. 차세대 AI 칩에 들어갈 HBM4 생산 협력은 물론, 초고성능 AI 낸드(SSD)도 공동 개발하고 있다. 아마존, 구글 등 빅테크 역시 SK하이닉스의 핵심 고객이다. 삼성전자는 엔비디아와 성능과 에너지 효율을 대폭 향상시킨 HBM4 공급을 긴밀하게 협의 중이다. 또 AMD의 AI칩 'MI350'에 HBM3E 12단 납품 중이며, HBM4 공급 방안도 논의 중이다.

올해는 5세대 고대역폭메모리 'HBM3E'가 주류 자리를 지킬 것으로 예상된다. 그 이유는 HBM3E가 적용되는 엔비디아의 '블랙웰'이 AI 칩 시장 대부분을 차지하고, 자체 AI 반도체를 사용하는 구글, 마이크로소프트, 아마존웹서비스(AWS) 등을 중심으로 HBM3E 수요가 늘어 날것으로 예상되기 때문이다. 올해 하반기 엔비디아의 차세대 AI 가속기 '루빈' 출시 이후 개화할 'HBM4(6세대)' 시장에서는 SK하이닉스와 삼성전자의 주도권 경쟁이 한층 치열해질 전망이다.

# 우수한 반도체 인재 확보를 위한 제언

2025년 7월에 방송된 KBS 다큐 인사이트 〈공대에 미친 중국, 의대에 미친 한국〉이 온 국민을 충격에 빠트렸다. 우리나라가 의대에 미쳐 있는 사이에 이웃 나라 중국은 세계 1위 미국과 경쟁할 정도로 빠르게 성장했다. 자율주행차, 휴머노이드 로봇 등 중국의 기술 발전에 놀라게 된다. 특히, 딥시크의 급부상은 AI 기술이 단순한 모방을 넘어 독자적인 혁신을 추구하고 있음을 보여주는 좋은 사례다. 중요한 점은 중국 토종 천재 창업자인 량원펑을 비롯해서 베이징대, 저장대 등 중국 대학 출신들이 세계 최상위권 AI 모델을 만들어 냈다는 점이다. "우리

아이는 꼭 일류대학 이공계에 갈 거예요" 다큐 속 한 중국인 부모의 인터뷰다.

우리나라 최상위권 학생들은 안정적인 직업으로서 의사를 선호하며 의대 진학에 몰두하고 있다. 의대 선호 현상이 갈수록 심화하면서, 이공계 인재 기반이 흔들리고 있다. 최상위권 이과생들이 대거 의대로 향하면서 우리 경제의 핵심 동력인 반도체, AI 기술인재가 부족하다는 위기감이 커지고 있다.

반면 중국은 국가 주도로 과학기술 영재를 발굴하고, 공학 중심 교육체계를 구축해 왔다. 중국은 전 세계 우수 인재를 자국으로 끌어오기 위해 다양한 인센티브를 제공하고 있으며, '해외 귀환 과학자' 프로그램을 통해 다수의 중국계 과학자들이 미국, 유럽에서 귀국해 중국의 기술 굴기를 견인하고 있다. 그렇다면 지금 우리는 무엇을 어떻게 해야 할 것인가? 우수한 이공계 인재, 반도체 인재 확보를 위한 방안은 무엇일까?


## 영재들을 발굴하고 정예 인재 육성해야 한다

과학기술인재 확보의 위험은 의학 계열 선호뿐만 아니라 급속한 인구 감소에 있다. 따라서 단순히 양적 확대에 그치지 않고, 정예 인재 양성에 무게를 두어야 한다. 영재교육이 중요한 이유이다. 필자가 근무하는 가천대는 영재교육원 학생들 중 초등학교 4~6학년, 중학교 1~2학년 대상으로 반도체 교육을 하고 있다. 레고를 이용해서 자동차, 로봇, 기중기 등을 레고로 직접 만들어 보면서 반도체 부품을 이해한다. 장난감 가지고 놀 듯 즐겁게 수업에 참여했다. 또한 레고로 만들어 보면서 반도체 8대 공정도 이해했다. 초등학교의 경우는 16시간이고, 중학교의 경우에는 깊이 있게 들어가기 때문에 80시간을 진행한다. 초등학생, 중학생한테 기대하는 것은 반도체에 대한 어떤 지식을 전달한다는 것보다, 반도체에 흥미를 갖게 하고 재미를 느끼게 하고, 그래서 나중에 좀 더 관심을 갖게 해서 이 학생들이 대학을 선택 할 때에 이공계 분야로 가길 바라는 생각이다. 학생들한테 이런 이야기를 한다.

"여러분들한테 반도체에 대한 지식을 깊이 내가 설명할 필요는 없을 것 같아. 지금은 자세히 몰라도 돼. 그렇지만 좀 더 관심과 흥미를 느끼면 좋겠어."

조선시대 봉수대의 원리를 가지고 디지털 개념도 공부했다. 낮에 봉수대는 각 봉수에 연기나 햇불을 넣느냐(디지털 '1'), 넣지 않느냐(디지털 '0')의 조합으로 정보를 전달하는 디지털 방식이다. 낮에는 연기를 피우고, 밤에는 횃불을 피워 국경과 해안의 위태로움을 낮에는 연기로 밤에는 횃불로 전달했다. 초등학생들이 이해를 잘했다고 머리를 끄덕인다. 얼마 전 SK하이닉스 팹투어도 진행했는데, 반응이 무척 좋았다. 회사 연구원들과의 질의응답 시간에서 어찌나 질문이 많은지 전부 답변을 못 해줄 정도였다. 전국 많은 대학에 있는 영재교육원도 이와 같은 형태로 반도체 교육이나 AI 교육을 진행하면 좋을 것 같다. 이러한 교육은 반도체, AI 지식을 전달하는 것보다는 공학에 관심을 가지게 하는 것이 더욱 중요하다. 공학은 즐겁고 재미있다는 생각을 갖게 해주어야 한다.

## 대학은 실무가 강한 인재를 키워야 한다

많은 기업 경영자를 만나보면 아직도 대학 교육에 많은 불만을 가지고 있는 것이 사실이다. 대학에서 배운 지식이 실제 산업계에 활용이 되지 않는다고 한다. 대학은 강의장에서 지식 전달 위주로 가르쳐왔기 때문이다. 이러다 보니 기업은 대학

졸업자를 받아서 기업 내에서 실무교육이라는 재교육 과정을 만들어 놓고 있다. 기업은 별도로 많은 시간과 돈을 들이고 있는 셈이다. 부서별로 필요한 교육은 당연히 필요하지만, 공통으로 기본 과목을 또 교육해야 한다면 곤란하다.

기업은 어떤 인재를 원하는가? 기업은 어려운 환경에서 생존을 위해서 늘 전쟁을 치르고 있다. 새로운 제품과 기술 개발을 통해서 세계의 많은 기업과 경쟁을 해야 한다. 이러한 환경에서 기업에서 찾는 인재는 바로 창의적이고 도전적인 인재이다. 기업은 "얼마나 많이 알고 있느냐?"보다 "알고 있는 것을 어떻게 잘 활용해서 성과를 내는가?"가 매우 중요하기 때문이다. '아는 것이 힘이다'보다는 '구슬이 서 말이라도 꿰어야 보배'라는 말이 맞을 것이다. 즉, 실천적 능력이 매우 중요하다.

대학도 많이 노력하고 있고, 과거에 비해 많이 나아졌지만, 아직도 많은 기업의 CEO나 경영자들을 충족시키지는 못하는 것 같다. 프로젝트 중심의 체험학습을 더욱 강화해야 한다. 기업은 실무경험을 갖춘 능력을 원한다. 필수 교과목으로 개설하고 모든 학생이 참여하게 해야 한다. 교수들이 적극적으로 교과목 개발을 해야 한다. 교과목 개발은 기업과 긴밀한 협조를 통해서 만들어야 한다. 그래야만 학생들은 기업의 실무적인 경험을 얻을 수 있다. 또한 과제 결과물을 어떻게 잘 설명하고, 남을 설득할 것인가를 가르쳐야 한다.

기업 인턴 과정을 더욱 활성화하라. 학생들은 인턴을 통해서 기업을 이해하는 시간으로 활용해야 한다. 내가 졸업 후에 활동하게 될 곳을 미리 알아보고 경험을 해보면서 대학에 다니는 기간 중 무엇을 준비해야 하는지 점검해 보는 시간이 될 수도 있다. 대기업 외에도 중견, 중소기업을 발굴해서 학생들이 실제 업무를 배울 기회를 제공해 주어야 한다. 전문성이 있는 기업이면 많은 것을 배울 수 있다.

또한 동아리 활동을 학교 수업의 일부로 보아야 한다. 동아리 활동을 대학 차원에서 강화해야 한다. 대학교수들이 동아리 지도교수를 맡아 많은 시간을 할애해서 함께 참여해 지원하고 조언해 주어야 한다. 동아리 활동을 학점으로 부여하는 방법도 고려해 볼만 하다. 대학생들에게 동아리 활동을 하는지 물어보는데 학생들이 참여하지 않고 있었다. 대학에는 학생들을 위한 다양한 동아리가 있어야 한다. 지식을 제외한 나머지 능력들인 소통 능력, 추진력, 타인과의 협조 능력 등은 동아리 활동을 통해서 얻을 수 있다. 모든 학생이 전공 공부와 같은 비중으로 동아리 활동을 해야 한다. 요즈음 기업 면접 시에 동아리 활동을 통해서 어떤 경험을 했는지를 물어보게 되는데, 적극성이나 협조성, 리더십을 평가하는 방법이 되기도 한다.


## 우수한 공학도·과학자의 대우가 달라져야 한다

과거보다 더 많은 우수 연구원들이 해외 기업으로 빠져가고 있다. 특히 AI, 반도체 인재들이다. 미국의 실리콘밸리에 가면 점심시간에 식당에서 많은 한국인 연구자들을 만난다고 한다. 우선은 연봉 차이가 너무 많이 난다. 그러니까 박사급이면 미국 빅테크 기업에 들어가면 약 100만 달러 정도를 받는다. 우리로 얘기하면 한 14억 정도를 받는 것인데, 국내에서 박사학위를 받고 취업하는 경우, 우리나라는 약 1억 5,000만 원 정도를 받는다. 보수가 중요하지만, 미국의 빅테크 기업에서 일하고 싶어 하는 이유 중 하나는 개인의 좋은 커리어를 만들고자하는 이유이다. 또한 국내 기업의 경우, 사실은 아직도 연공서열이라는 것을 무시할 수 없다. 그러니까 아무리 능력이 있고 뛰어나다고 하더라도 젊은 직원을 파격적으로 대우를 못 해준다. 그렇지만 오픈AI, 구글, 애플 이런 데서는 가능하다. 결국

본인이 가진 능력에 대해서 정당한 대우를 받고 싶은 것이다. 요즈음 젊은이들은 과거 선배들과는 다르다. 이제 그런 이유 때문에 결국은 좋은 인재들이 빠져나가고 있다.

지금 지적한 사항들이 해결되기는 모두 쉽지 않은 것들이지만, 다음 사항들은 당장 실시해야 한다. 우선 대기업들부터 먼저 시작해야 한다. 우수한 엔지니어들은 정년 없이 계속해서 연구에 매진할 수 있어야 하고, 단 한 명이라도 좋으니 사장보다 더 많은 연봉을 받는 최고의 엔지니어를 만들어 내야 한다.

기업이나 정부 연구소는 매우 유능한 엔지니어들은 좀 더 파격적인 대우를 해주고, 또 나이가 들어서도 계속 일을 할 수 있는 기회를 부여해야 한다. 이런 것들이 실현되면 사실 어렸을 때부터 엔지니어의 꿈을 가질 수밖에 없을 것이다. 굳이 반드시 의대를 가서 의사가 되겠다'라는 생각을 가지지 않을 것 같다.


## 과학자, 엔지니어가 존경받는 사회를 만들라

과학자, 엔지니어가 존경받는 사회적 인식이 필요하다. 여기에는 언론이 중요한 역할을 할 수 있다. 1999~2000년에 〈카이스트〉라는 SBS 드라마가 있었다. 카이스트 공대생, 교수들, 대학원생들의 이야기를 다루었다. 당시 시청률 33.6%라는 기록도 나왔다. 방송 이후 실제 카이스트 진학을 꿈꾼 학생이 늘었다는 점에서 어떤 과학 방송보다 과학계에 미친 영향이 컸다고 할 수 있다.

또 하나는 과학, 산업 분야에서 롤모델이 될 수 있는 과학자, 엔지니어 출신들이 청소년에게 강연을 통해서 과학 기술자의 장점과 매력을 알려줘 과학기술에 관심과 흥미를 갖도록 유도하는 것이다. 많은 청소년이 다양한 분야의 과학을 접할 수 있도록 기회를 마련해줘 과학과 친숙해지도록 하는 것이 필요하다. 자기가 좋아하는 과학 분야를 찾게 하여, 과학 기술자의 꿈을 갖도록 도와주어야 한다. 특히 높은 경력 시니어 과학기술인이 해야 할 일이다.

또한 젊은 엔지니어가 일에 도전하다 실패하더라도 다시 일어설 기회를 주어야 하고, 얼마든지 세계 누구 와도 당당하게 경쟁해서 이길 수 있다는 자신감을 심어주어야 한다.

우리나라도 우수 인재들이 이공계를 택했던 시절이 있었다. 1980년대에는 물리학과, 전자공학과, 기계공학과가 인기를 차지했었다. 우리나라가 지금의 경제 발전을 이룰 수 있었던 것은 그 인재들이 1980년대 디지털 대전환을 잘 준비하고 실행한 결과다. 당시에 "한국은 아날로그 TV에서 30년 뒤진 기술로는 평생 가야 1등 할 수 없다"라는 일본 기업들의 비아냥을 들어야 했다. 1980년대 일본은 세계 전자산업의 선두 주자였고, NHK는 'NUSE 방식'이라는 HDTV 시스템을 내세웠다. 고해상도 영상을 목표로 했지만, 핵심은 여전히 아날로그 전송 방식이었다. 우리나라는 디지털 처리 방식의 HDTV 시대를 먼저 열었고, 일본 기업들을 이길 수 있었다. 이뿐만 아니라 반도체, 이동통신 분야에서도 디지털화에 빠르게 대응했다. 이것은 뛰어난 이공계 인재들의 뒷받침이 없었다면 불가능했을 것이다. 정부의 병역 혜택 정책 등도 주요했다.

지금은 AI 대전환이 본격화되는 시기에 놓여 있다. 1980년대의 디지털 대전환 성공을 다시 만들어 보자. 우리도 할 수 있다. 우수한 인재들이 열심히 뛰어야 성공할 수 있다. 골든 타임이 얼마 남지 않았다. 반도체 전쟁은 인재 전쟁이다. 바로 지금, 우수한 반도체 인재 육성을 위해 다시 시작하자.

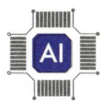

# 반도체 인재 양성,
# 실무형 교육이 답이다

반도체는 TV, 스마트폰, 자동차, 컴퓨터 등 생활에 필수적인 전자기기 대부분에 핵심부품으로 들어간다. 또한 항공우주, 양자컴퓨터 등에도 쓰이는 민군 겸용 핵심부품이다. 미국이 반도체를 놓고 중국을 상대로 패권 경쟁을 벌이는 것도 이런 이유에서다.

미·중 반도체 패권 경쟁의 핵심은 중국의 빠른 경제적, 기술적인 성장에 있다. 미국은 중국을 위협 상대로 판단하고 있다. 현재는 중국이 미국에 맞설 카드가 없지만, 미국의 견제에도 불구하고 시간이 흐를수록 미국과 중국의 기술 격차는 줄어들

것으로 예상된다. 오히려 구형 공정에서는 반도체 제조 역량
이 강화되면서 중국이 글로벌 반도체 공급망에서 유리한 위치
를 점할 수도 있다.

막강한 중국 내 제품 시장을 기반으로 파운드리(반도체 위탁생
산)-팹리스(반도체 설계) 생태계가 만들어지면 엄청난 제품과 부
품 경쟁력을 갖추게 될 것이다. 낸드플래시는 양쯔메모리가
2019년 64단 양산을 시작했고, 애플이 중국에 판매하는 중저
가폰에 채용을 검토 중이다. 또한 대만 TSMC의 성장은 무섭
다. 전 세계 AI 칩 시장의 90% 이상을 차지한 엔비디아는 물
론이고 애플, 퀄컴, 미디어텍, 인텔, AMD 등 모두 TSMC의 큰
고객이다.


## 대만의 인재가 몰리는 국민기업 TSMC


TSMC는 대만 정부 차원에서 육성하고 보호하는 기업이다.
'대만반도체생산회사(Taiwan Semiconductor Manufacturing Company)'
라는 기업명에서 알 수 있듯이, TSMC는 국력을 총결집한 국
민기업이다. 삼성전자가 TSMC라는 기업이 아닌, 대만 국가와

경쟁하는 셈이다. 대만 정부는 반도체 산업을 국가의 핵심 전략산업으로 삼고 법인세를 비롯한 세제 감면, 연구개발(R&D) 보조금, 인프라 투자, 인센티브 등에서 지원을 아끼지 않고 있다. 또한 대만은 대학 입시에서 높은 점수를 받는 학생들이 반도체 분야에 많이 지원한다. 하지만 우리나라는 2000년대 초반부터 발생한 이공계 기피 현상으로 우수 학생의 공대 진학이 줄어든 지 벌써 20년이 됐다.

기업은 늘 전쟁을 치르고 있다. 지금은 무척이나 어려운 상황이다. 중국의 도전을 막아야 하고, 대만을 추격해야 한다. 투자 관점에서는 세제 혜택과 인프라 지원이 시급하지만, 반도체 사업을 성공시키기 위해서는 인력 양성이 매우 중요하고 시급하다. 반도체는 한국 경제의 핵심 산업이지만 인력 부족이 미래 경쟁력 확보에 걸림돌이 되고 있다. 지난 2022년 5월 방한한 조 바이든 미국 대통령의 첫 번째 일정은 평택의 삼성전자 반도체 파운드리 공장 방문이었다. 이후 두 달쯤 지난 후 국내 반도체 인력 양성 논의가 시작됐다.

# 획기적인 반도체 인재 양성, 양보다 질이다

국내 반도체 기업은 시장의 급속한 성장과 중국의 추격에 대응해 대규모 투자를 진행 중이다. 반도체 전문 인재 확보를 위해 공격적인 인재 양성 및 유치 정책을 추진하고 있지만, 반도체 산업 현장의 인력 부족은 지속되고 있다.

정부는 10년간 반도체 인재 15만 명을 양성하는 내용의 '반도체 인력 양성 방안'을 내놓았다. 대학 정원 확대 등을 통해 키워내겠다는 것이다. 다른 분야 전공자, 기업 재직자도 재교육하고, 시간이 걸리는 학위 과정과 6개월~1년짜리 단기 과정도 만들겠다고 한다. 목표는 거창한데, 구체적인 실현 방안은 보이지 않는다. 당장 위기 상황인데 느긋하게 10년 뒤를 준비할 때가 아니다. 최소한 올해부터 내년, 3~4년 후까지 구체적인 계획이 나와야 한다. 가령 반도체학과와 대학원 등 교육기관 신설과 증설에 대해 몇 년에 몇 개 대학에 지원하고, 이를 통해 몇 명의 인원을 배출할 것인지가 구체적으로 나와야 한다.

정부는 교원만 충분히 확보하면 반도체학과 신·증설을 허용하겠다고 하는데, 가장 큰 어려움이 바로 교수 인력 부족이다.

학계뿐 아니라 기업의 최고 전문가들을 적극적으로 활용할 필요가 있다. 산업체 출신을 전임교수로 확보해서 교육 전담 교수로 선발해야 한다. 그다음으로는 정년퇴임 교수 혹은 산업체 경험자 중 65세 이상 전문가도 초빙교수로 적극 활용하면 된다. 유능하고 경험 많은 반도체 인력이 주변에 많이 있다. 단지 대학이 활용을 못 하고 있을 뿐이다.

인력 양성에 있어서 양보다는 질이 더 중요하다. 각 대학은 실무형 반도체 교육을 하고 있는지부터 점검하고 이를 개선해야 한다. 무엇보다 기업의 요구사항을 충분히 반영해야 한다. 또한 전체 대학 차원에서 교육의 질을 고려해야 한다. 반도체학과라 명시된 학과만 반도체 인력을 양성하는 것이 아니다. 반도체 교육은 전자공학, 물리학, 신소재, 산업공학 등 많은 반도체 관련 전공 분야 학과의 협력이 필요하다.

특히 수요가 급증하는 석·박사급 고급인력 양성에 초점을 두어야 한다. 초중고, 직업계고에서 대학원까지 반도체 산업의 전 주기적 인력 기반 확보를 위한 종합적인 방안이 있어야 한다. 대학 학부 4년만으로는 기업이 요구하는 기술 수준을 충족시킬 순 없다. 석·박사급 전문인력을 키워야 하는데, 석사 인력 육성을 위한 방안으로는 5년짜리 학·석 과정(학사+석사)을 강화하는 것이 좋은 방법이 될 것이다. 교육 커리큘럼은 새롭게 시스템, 소프트웨어, 반도체를 모두 포함한 필요 교과목들로 다시 구성해야 한다. 그리고 시스템 설계부터 반도체 구현을 해서 칩을 직접 만들어 보고, 칩 테스트까지의 실전 프로젝트를 거치도록 해야 한다. 그래야만 기업에서 제대로 활용 가능한 인력이라 말할 수 있기 때문이다.

반도체 분야별로 전문대학원을 별도로 두는 것도 필요하다. 예를 들면, 반도체 설계 인력을 위한 아키텍트 대학원, 소자 및 공정 인력을 위한 공정 대학원, 패키징 전문인력을 키우기 위한 패키징 대학원이 반도체 전문대학원에 해당한다. 커리큘럼도 프로젝트에 기반을 두고 실습을 강화하는 내용으로 만들어야 한다. 그래야 당장 기업이 활용할 수 있는 인재를 길러낼 수 있다. 장학금 등 많은 혜택을 줘서 지금 대학을 다니고 있는 우수 학부생들이 전문대학원에 진학하도록 유도해야 한다.


## 지방자치단체, 기업, 대학이 연계해야 한다

반도체 산업은 반도체 설계, 공정, 소재, 테스트, 패키징, 생산 장비 등이 유기적으로 결합된다. 반도체 관련 기업은 삼성전자, SK하이닉스만 생각하기 쉬운데 그렇지 않다. 두 회사는 칩을 설계하고 제조하는 회사다. 반도체는 그 이상의 많은 분야 회사들의 노력이 있어야 완성된다. 설계만 전문으로 하는 팹리스, 가공된 웨이퍼를 절단해 패키징을 하거나 가공이 완료된 웨이퍼 또는 칩을 검사해 불량 여부를 판단하는 기업, 반도체 제조시설 구축에 필요한 장비를 개발하는 기업, 반도체 제조에 필요한 재료를 생산하는 기업들로 구분된다.

따라서 대기업뿐만 아니라 중견·중소기업들의 인력 양성도 매우 중요하다. 파운드리 공정에서 미세공정 전환이 어려워지면서, 구형 공정에서 생산된 칩을 모아서 가공하고 최고의 성능을 만들어 내는 패키징(후공정)이 매우 중요해지고 있다. 때문에 후공정을 맡고 있는 중견·중소기업의 도움 없이는 대기업의 파운드리 사업은 성공하기 어렵다.

공정의 미세화로 인해 후공정 분야가 매우 중요해지고 있다. 지방에는 후공정인 패키징, 테스팅, 장비 분야 등의 우수한 기업이 많다. 지방대학은 지역 강점 분야의 기업과 대학이 협업할 수 있는 방안을 고려해야 한다. 이때 지방자치단체-기업-대학이 연계해서 인력을 키우는 것이 좋은 방안이다. 예컨

대 1년 단위의 반도체 아카데미를 만들어 실습을 위주로 교육하고, 기업과는 인턴 과정을 통해서 프로젝트를 진행하게 하는 방안을 생각해 볼 수 있다. 많은 프로젝트 기회를 통해 반도체를 개발하고 상용하는 과정에서 우수한 인력이 양성되는 것이다.

우리나라 반도체 산업을 제대로 지키지 못하면 국가 경제와 안보 등에서 위협을 받을 것은 분명하다. 위기의식을 가져야 한다. 인력 양성에 걸리는 시간을 감안하면 우리나라 반도체 산업의 골든 타임이 얼마 남지 않았다. 심각하게 고민하고 빠르게 계획을 세우고 실천으로 옮겨야 한다.

AI
CHIP
WAR

# 3장

# AI, 산업의 중심이 되다

# 온디바이스 AI 반도체,
# 한국 제조업 도약을 이끈다

미국 라스베이거스에서 열렸던 'CES 2025'에서 엔비디아의 젠슨 황은 키노트를 통해 챗GPT가 AI 시대를 개막한 것처럼 로봇을 중심으로 한 '피지컬 AI 시대'가 멀지 않았음을 강조했다. 텍스트·이미지·동영상 등 콘텐츠를 만들어 내는 '생성형 AI'에서 '인지하고 계획하고 행동하는 AI'로의 변화를 예상하며, 바로 온디바이스 AI 시대의 새로운 개막을 알렸다.

또한 2025년 10월 방문을 통해서 서울 강남구 한 치킨집에서 이재용 삼성전자 회장, 정의선 현대차그룹 회장 등과 이른바 '깐부 치맥 회동'을 가져 큰 화제가 되었고, APEC CEO 서밋 특별연설에서 자율주행 로봇 등 피지컬 AI를 포함하는 여러 측면에서 국내 기업과 실질적 협력을 이야기했다.

온디바이스 AI 반도체는 제조업에서 진가를 발휘하는데, 크게 두 가지 측면이 있다. 첫째는 제품에 AI가 들어가면서 제품의 부가가치를 높일 수 있다는 점이다. 스마트폰의 화질 개선, 음성인식, 번역, 통역 서비스뿐만 아니고, 휴머노이드 로봇, 자율주행차에서 핵심 역할을 한다. 또한 스마트TV, 노트북이나 로봇 청소기, 세탁기, 에어컨 등 가전제품에도 차별화 지점으로 사용된다. 또한, 러시아-우크라이나 전쟁에서 드론은 정찰에서 직접 공격에 이르기까지 다양한 용도로 사용되고 있다.

둘째는 AI 제조를 통한 생산성 향상이다. 스마트팩토리의 AI 응용은 제조업에서의 생산성 향상으로 이어진다. 예를 들어 공장에서 가장 많이 활용할 수 있는 기계 설비의 관리와 품질이다. 기계와 장비가 고장 날 가능성이 큰 시기를 예측해 사전 예방 정비가 필요한 최적의 시기를 알려주는 것이다. 반도체 제조 공정에서는 불량을 최소화하고 생산수율을 높이는 데에도 큰 도움을 줄 수 있다. 제조업에 강한 우리나라가 AI를 적극 적용해야 하는 이유다.

# 외부 칩과 자체 칩,
# 두 가지를 동시에 추진하라

온디바이스 AI 반도체는 스마트폰, 자동차, 가전, 로봇 등 개별 기기 내부에서 작동해야 한다. 이런 환경은 전력, 발열, 크기, 메모리 용량, 가격 등의 제약이 매우 크다. 따라서 외부 솔루션인 범용 칩으로는 성능, 가격 면에서 최상의 성과를 내기 어렵고, 칩 가격도 비싸다. 따라서 각 제품의 특성을 고려한 맞춤형 칩이 필수적이다. 제품에 기존 범용 반도체를 사용하면 타사와의 경쟁에서 이길 수 없다. 성능과 차별화된 성능을 갖기 어렵기 때문이다. 기존 범용 반도체는 말 그대로 범용성은 뛰어나지만, 해당 제품 서비스 구현에 필요한 고성능 연산이 필요한 특정 용도에 적용하기에는 비효율적이다. 스마트폰은 발열, 자동차는 안정성, IoT는 초저전력 등 제품별로 요구조건이 다르다. 센서, MCU, 메모리 등과 인터페이스가 제품 별도 다르기에 맞춤형으로 SoC 설계가 이루어져야 한다. 또한 경량화된 AI 모델을 다르게 개발해야 한다. 따라서 자체적으로 칩을 개발할 필요가 있다.

시스템 수요기업 입장에서는 가장 성능 좋은 칩을 구매해서 빠르게 경쟁력 있는 제품을 만들어서 시장에 내놓는 것이 무엇보다도 중요하다. 자체 칩 솔루션은 기획에서 칩을 채택해서 사업화까지가 시간이 오래 걸리기 때문이다. 그렇다면 어떤 좋은 방법이 있을까?

삼성의 갤럭시 개발 전략에서 그 방안을 찾아볼 수 있을 것 같다. 삼성은 외부 솔루션인 퀄컴 칩과 자체 칩인 엑시노스를 동시에 채용한다. 2026년, 갤럭시Z 플립7에 엑시노스 2500 AP 적용은 미국 퀄컴에 대한 의존도를 낮추고 재무 개선에 기여하는 효과가 예상된다. 자체 개발 AP가 있어야 제품 원가를 낮출 수 있다. 삼성전자의 2025년 모바일 AP 구매 비용은 약 11조 원으로, 5년 전인 2020년과 비교하면 두 배 가까이 늘었다. 사실 벤치마킹 점수 평가는 퀄컴보다 떨어지지만, 기준 이상의 성능을 만족해서 탑재되었다. 이를 바탕으로 엑시노스 2600에서 더 개선 가능해졌다. 삼성은 엑시노스 2600과 퀄컴 칩을 병행해서 적용할 것으로 보인다.

국산 칩을 써주어야 팹리스가 자립할 수 있다. 결국 외부 솔루션 칩, 자체 칩 솔루션 두 가지 선택지를 어떻게 조화롭게 고려할 것인가가 중요한데, 시스템 수요기업 최고경영자의 결단이 요구된다. 적극적으로 자체 칩 탑재를 고려하고 독려해야

할 것이다. 최고의 기업으로 가려면 자체 칩은 확보해야 한다
는 의지가 필요하다.


## 온디바이스 AI 반도체보다
## 소프트웨어가 더 중요하다


온디바이스 AI는 AI 반도체와 AI 모델의 두 축으로 나눌 수
있다. AI 반도체는 NPU를 사용하는데, 인간의 뇌처럼 복잡한
연산과 패턴 인식을 빠르고 효율적으로 처리하기 위해서 AI
연산 가속에 특화 설계된 AI 반도체다. 개별 AI 모델에 최적화
되어 있어 GPU로 처리 시의 한계점인 전류 소모를 줄일 수 있
다. AI 모델은 특정 목적을 수행하기 위해서 데이터를 학습하
고 패턴을 인식하도록 설계된 알고리즘을 의미한다. 저전력의
성능이 높지 않은 NPU를 사용해야 하므로 경량화된 AI 모델
및 추론 기술 개발이 매우 중요하다.

학습 과정에서 엄청난 계산 능력이 필요하지는 않으므로 주
로 추론에 초점을 맞추고 있다. 또한, 추론 서비스는 항상 사용
하는 것도 아니기 때문에 필요할 때만 추론을 활용하면서 전

력 소모를 최소화할 수 있도록 개발한다.

클라우드 대신 단말기 내부에서 인공지능 연산을 수행하기 때문에, 무엇보다 전력 효율과 성능 최적화가 중요하다. 이러한 조건을 만족시키려면 칩 설계 상위 단계에서의 아키텍처 설계가 첫 단추이다. 칩 외에 시스템 소프트웨어, SDK, AI 모델 및 프레임 워크가 유기적으로 개발되어야 한다. 구체적으로 설명하자면, 칩에서 구동되는 AI 모델이 얼마나 효율적으로 경량화되고, 그 모델을 쉽게 구현할 수 있는 개발 프레임 워크와 SDK가 얼마나 정교하게 갖춰져 있는지가 중요하다. AI 모델을 칩 구조에 맞게 변환하고 최적화하는 컴파일러, 런타임 소프트웨어가 칩의 성능을 사실상 결정짓는 요소이기 때문이다. 특히, 칩 설계자와 ML 엔지니어가 밀접한 협력이 요구된다.

전체 개발 비중을 100으로 놓고 볼 때 칩이 40, 그리고 AI 모델, 컴파일러, SDK, 시스템 소프트웨어 등 통합 소프트웨어가 60 정도로 소프트웨어 비중이 커야 한다.

# 지금이 온디바이스 AI 반도체에 집중할 시기

정부는 제조 AI의 본격 실행을 위해서 2025년 9월 10일, 맥스 얼라이언스(M.AX Alliance)를 출범했다. 여기서의 M은 제조를 뜻하는 Manufacturing이다. 이 행사는 '제조+AI 전환'을 국가전략으로 선언하는 의미 있는 자리였다. 맥스 얼라이언스는 AI 팩토리, AI 제조 서비스, AI 유통·물류, 자율주행차, 휴머노이드, 자율 운항 선박, AI 가전, AI 방산, AI 바이오, AI 반도체 등 10개 분야별로 구성된다. 이 중에서도 반도체 국산화 목적으로 구성한 AI 반도체 얼라이언스는 더욱 중요한 의미를 갖는다.

글로벌 온디바이스 AI 반도체 경쟁은 이제 막 시작 단계라고 볼 수 있다. 지금이 바로 골든 타임이다. 앞으로의 5년이 매우 중요한 시기라고 본다. 글로벌 경쟁력과 호환성을 갖춘 AI 반도체, AI 모델 및 프레임 워크, SDK 등 풀스택 상용 수준을 개발해 낼 세계 수준의 기업들을 키워내야 한다. 시스템 수요 기업은 3~5년을 내다 볼 수 있는 칩 기획 능력을 제시할 수 있어야만 하고, 칩이 나왔을 때 철저하게 검증해 주어야 한다. 그래야만 칩 개발 시의 문제점을 해결하고 상용화를 할 수 있다.

중국 정부는 '제조 2025'를 10년 전인 2015년에 제시하고 첨단 산업을 집중 육성했다. 현재 중국 팹리스는 한국을 양적, 질적인 면에서 모두 앞서고 있다. 그동안 시스템반도체 설계 능력을 꾸준히 키워 왔고, AI 시대가 열리면서 중국은 온디바이스 AI 반도체 설계 분야에서 강력한 힘을 발휘 할 것으로 보인다.

2015년 6월의 일이다. KAIST 휴보 로봇은 'DARPA 로보틱스 챌린지(DRC)'에서 당당히 우승을 차지했다. 우리는 환호했다. 이때 중국은 본선 23개 팀에도 들지 못했다. 그랬던 중국은 온디바이스 AI 기술에 집중한 결과, 오늘날 미국과 대등한 수준으로 올라섰다. 사람의 척추에 해당하는 것이 온디바이스 AI용 반도체이다. 두뇌 역할을 수행하는 파운데이션 AI 모델이 수행되는 곳이다. 현재 중국에서 가장 주목받는 로봇 기업은 2016년 세워진 '유니트리(UNITREE)'다. 이 회사는 중국 팹리스인 호라이즌 로보틱스의 저니 시리즈 AI 칩을 사용하는 것으로 알려져 있다.

중국의 도전은 거세다. 경쟁에서 이겨야 한다. 이제 정부와 산업계가 해야 할 일은 명확하다. 맥스 얼라이언스는 구호에 그쳐서는 안 된다. 정부가 앞장서서 솔선수범해야 한다. 계획은 구체적이어야 하고, 실행 역시 온 힘을 다해야 한다. 국내 팹리스가 단순한 기술 용역 개발을 맡는 것이 아니라, 시스템 기업과 함께 성장하는 파트너형 구조를 만들어야 한다. 시스템 수요기업-팹리스-파운드리 연계를 통한 온디바이스 AI 반도체 생태계가 만들어져야 하며, 제조업의 혁신 엔진인 온디바이스 AI 반도체 개발에 집중하고 자체적으로 칩을 확보해야 한다. 차별화를 통해서 제품의 부가가치를 높이는 일, 스마트팩토리와 연동해서 제조 생산성 향상이라는 두 가지 목표를 달성해야 한다. 모두 국내 제조업의 도약을 위한 길이다.

# 스마트홈 시대 연 지능형 사물인터넷

지능형 사물인터넷(AIoT, Artificial Intelligence of Things) 기술을 통한 스마트홈의 활성화가 기대되고 있다. 4차 산업혁명 시대를 이끄는 주요 기술이 많이 있지만, 그중에서도 핵심기술을 뽑자면 사물인터넷IoT(Internet of Things)와 AI가 꼽힌다. 지금은 IoT 연결성에 AI 초지능이 결합된 'AIoT 시대'라고 할 수 있다. IoT가 디바이스 간의 연결을 나타내는 디지털 신경망이라면, AI는 이러한 디바이스들을 통제 및 관리하는 두뇌 역할을 한다.

AIoT는 다양한 도메인에 IoT와 AI를 접목하는 융합의 핵심기술이다. AIoT는 5G나 6G 이동통신의 초연결성을 바탕으로, AI와 빅데이터를 활용한 초지능성을 결합한 사물지능 융합 기술이다. 즉 AIoT는 4차 산업혁명의 초연결성, 초지능성 그리고 초융합성을 지원하는 서비스 플랫폼 기술이다.

AIoT는 2015년 일본 기업 샤프가 만든 신조어다. 2016년, 샤프는 판매가 급감한 가전 부문을 살리기 위해 AI 기술을 활용했다. 가전에 AI를 심어 사용자와 상황에 따라 맞춤형 서비스를 제공한 것이다. 서비스 도입 영역이 넓어지면서 냉장고, 세탁기, 에어컨, 스피커 등 거의 모든 가전에 AI가 탑재됐다. 이를 '사물지능'이라고 부르는데, 사물 특성에 맞게 지능을 개발하고 이를 탑재해 활용하는 융합 기술을 의미한다.

기존 IoT 시스템에서는 인터넷에 연결된 디바이스에서 생성된 데이터를 클라우드(서버)로 보내 처리한 이후 다시 해당 디바이스에 연관된 데이터를 보내는 방식이었다면, AIoT는 개별 디바이스나 에지(edge)에 AI가 개입해 데이터를 처리한다는 차이가 있다. '에지'는 컴퓨팅에 의한 데이터 처리를 데이터 생성 장소와 가까운 곳에서 수행한다는 의미를 가진 용어다. 에지 장치에서 AI가 실행되면 컴퓨팅 계산이 데이터가 생성되는 곳 근처에서 바로 진행할 수 있다는 점이 특징이다.

IoT에서 생성된 데이터를 AI가 학습하고, AI의 통찰력을 바탕으로 효과적인 결정을 내릴 수 있는 지능형 서비스가 가능하게 된다. 결국 클라우드 사용 비용을 낮출 수 있다는 추가적인 장점도 있다. 수십억 개의 센서는 거대한 데이터 흐름을 실시간으로 감지하고, AI는 여기서 패턴을 분석해 사용자가 원하는 행동을 예측해 수행한다. AI는 IoT가 인식 기능을 습득할 수 있도록 하고, IoT는 AI 알고리즘을 훈련하는 데이터를 제공한다. IoT에서 생성되고 수집되는 방대한 양의 데이터가 에지 장치에 저장된다. 이러한 데이터는 기계학습을 통해 지능적으로 분석되기 때문에, 모든 것을 디지털화하고 지능적으로 연결할 수 있다.

## 센서, 통신 칩, 프로세서는 AIoT 핵심 기술

AIoT 성능은 센서, 통신용 칩, 프로세서 등 세 가지 시스템반도체가 결정한다. 센서는 사물, 상태, 환경과 관련된 다양한 정보와 데이터를 인식 수집하는 기본 구성요소다. 센서는 외부 정보를 감지하는 역할을 한다. 센서는 감각을 의미하는 센스(sense)라는 말에서 비롯한 것으로, 인간의 감각을 기계가 이해할 수 있도록 변환해 주는 역할을 하는 부품을 말한다. 온도 센서, 기압 센서, 가속도 센서, 지자기 센서, 자이로 센서, 광량 센서, 근접 센서, 터치 센서, 습도 센서 등이 있다. 실리콘 기판에 집적한 미세전자기계시스템(MEMS)으로 개발되는 추세다.

통신용 칩은 일반 소비자들이 가장 많이 접하는 와이파이(WiFi)와 블루투스(BT)를 지원하는데, 통신거리가 짧은 것이 단점이다. 이를 보완한 것이 저전력 광역통신망(Low-Power Wide-Area Network, LPWAN)이다. 여기에는 협대역 사물인터넷(Narrow-Band-Internet of Things, NB-IoT), 로라(Long Range, LoRa), 시그폭스(SigFox) 등이 쓰인다. 속도는 초당 수 킬로비트(kpbs)의 낮은 속도이지만, 서비스 범위는 10킬로미터 이상으로 넓다.

프로세서 칩은 AIoT 구현에서 가장 핵심이다. 센서가 수집한 정보를 판단하고 분류하는 지능 작업을 한다. 이를 위해 연산력이 뒷받침되는 고성능 칩이 필요하다. IoT에서 AIoT 시대로의 가장 큰 기술적 변화는 클라우드 기반 컴퓨팅에서 에지 컴퓨팅(중앙 서버가 데이터를 처리하는 클라우드 컴퓨팅과 다르게 네트워크 가장자리에서 데이터 처리를 한다는 의미)으로 바뀐 것이므로, 시스템반도체도 에지 컴퓨팅을 위한 초고속, 저전력의 고성능 프로세서가 필요하게 된다. 글로벌 반도체 회사를 중심으로 에지 컴퓨팅을 위한 프로세서가 출시되고 있는 이유다. 에지 컴퓨팅 프로세서는 스마트폰에 들어가는 핵심 칩인 AP와 비슷한 구조를 가지며, 주로 ARM의 CPU 코어를 사용한다. 우리나라 팹리스 기업들이 도전해 볼 만한 분야라고 생각한다. 이 밖에도 대량의 데이터를 처리하기 위한 AI 및 빅데이터 기술과 보안 능력도 중요하다.


## 새로운 스마트홈 표준, 매터

스마트홈 확대의 가장 큰 걸림돌은 가전 및 IoT 기기 제조사가 각기 다른 버전을 지원한다는 것이다. 그동안 스마트홈 표준을 주도하려는 기업들이 자사 플랫폼에 자사 기기들만을 연동시키고 타사 플랫폼 간 연동을 막다 보니 기기 간 상호 호환이 어려웠다. 이를 해결하고자 2012년에 원엠투엠(OneM2M)을 시작으로 오픈인터커넥트컨소시엄(OIC), 오픈커넥티비티재단(OCF) 등 많은 표준이 나왔지만, 시장이 크게 확대되지 못했다. 사용자 입장에서는 스마트홈 디바이스 간 상호연동을 고려해야 하는 번거로운 과정을 거쳐야 했기 때문이다.

그런데 최근 스마트홈 시장의 개화를 촉진할 표준이 나왔다. 바로 매터(Matter)다. 2022년 11월 네덜란드 암스테르담에서 스마트홈 글로벌 표준인 매터1.0이 발표됐다. 매터는 IoT와 스마트홈 제품을 위한 연결 또는 상호 운용성 규약이다. 한마디로 말하면 스마트홈의 공통 언어다. 매터는 스레드, 블루투스, 와이파이 등 네트워크 통신 프로토콜을 사용한다. 매터의 경쟁력은 참여 기업과 확장성에 있다. 스마트홈 플랫폼, 가전, 반도체, IT 서비스 등 약 500여 개 기업이 회원사로 참여하고 있다.

2022년 초기 버전인 매터1.0에서는 스마트 전등과 전등 스위치, 플러그와 콘센트, 온도 조절 장치, 센서, TV를 지원하며, 향후 냉장고, 에어컨, 로봇청소기 등 가전제품으로 확장할 예정이다. 앞으로 소비자는 어떤 회사의 가전제품, 홈 IoT 제품을 구매해도 자유로운 연결이 가능해질 것으로 보인다.

매터는 2019년 IoT 글로벌 표준연합이었던 직비 얼라이언스(Zigbee Alliance, 현 CSA)의 주도로 아마존, 애플, 구글 등의 플랫폼 사업자들에 의해 추진된 'CHIP(Connected Home over IP)'이라는 프로젝트가 2021년 5월 스마트홈 표준으로 개명한 것이다. 따라서 매터는 CSA(Connectivity Standards Alliance)에서 운영한다.

## 스마트홈 서비스 고도화가 시작되다

삼성전자와 LG전자는 하나의 시스템으로 가전을 제어·관리하는 스마트홈 사업에 발 빠르게 대응하고 있다. 삼성전자는 '스마트싱스', LG전자는 'LG씽큐'라는 스마트홈 플랫폼을 가지고 있다. 두 회사 모두 매터를 지원한다.

삼성전자는 '스마트싱스 홈 라이프(Smart-Things Home Life)'라는 서비스를 운영하고 있는데, 이 가운데 'AI 전력량 절약모드' 기능은 매우 유용하다. 각 가정에서 스마트싱스에 연동된 기기들의 전력량을 모니터링하고 관리할 수 있어서다. LG전자도 씽큐(ThinQ) 앱 서비스를 통한 에너지 절감 기능을 계획하고 있으며, 스스로 가전의 기능을 향상하는 'LG 업(UP) 가전'은 소프트웨어 업그레이드가 가능하다. 제품 구매 후에도 사용자에게 필요한 성능과 기능을 사용자 맞춤으로 변경할 수 있다. 2024년 출시한 무드업 냉장고는 냉장고 색상과 공간 분위기를 바꾸고 싶을 때 씽큐 앱에서 원하는 색상을 선택하기만 하면 된다. 색상을 바꾸기 위해 패널을 바꿀 필요도 없다.

시장 조사업체 옴디아에 따르면, 전 세계 스마트홈 시장 규모는 2020년 608억 달러(약 80조 3,228억 원)에서 2025년 1,785억 달러(약 235조 8,163억 원)까지 성장할 것으로 전망된다. 스마트홈이 급성장하는 미래 핵심 유망 사업으로 부각됨에 따라 삼성전자와 LG전자는 물론이고, 애플의 참여로 스마트홈 시장의 경쟁이 더욱 치열해질 것으로 예상된다. 애플은 스마트홈 전용 아이패드를 개발 중이다. 이 제품에는 온도 조절 장치, 조명 제어, 화상 통화 기능이 들어갈 것으로 보인다. 애플은 2024년 1월 매터를 지원하는 스마트홈 스피커인 홈팟 2세대를 발표했다. 이 홈팟에 애플TV를 연결할 가능성이 크다.

향후 스마트홈 시장이 확대되면 스마트홈의 'All-Connectivity' 강점이 오히려 개인정보 유출 면에선 취약할 수 있다. 하나의 기기가 사이버 공격을 받게 되면 수많은 스마트홈 기기가 한꺼번에 해킹에 노출될 수 있어서다. 강도 높은 보안 대책이 필요한 이유다.

국내 소비자들의 스마트홈 이용을 늘리기 위한 제조사들의 대응책 마련도 필요하다. 아직 스마트홈 환경에서 사용자들이 실제로 느끼는 편리함과 실용성이 크지 않기 때문이다. 좀 더 고객 관점에서 사용자 경험을 극대화한 서비스를 개발하기 위한 제조사들의 노력이 필요하다.

# NFC,
# 사물인터넷의 필수 기술

요즈음의 아파트 단지는 담장의 출입문을 통과하려면 카드키
를 가지고 다녀야 출입이 가능하다. 버스나 지하철을 탈 때도
승차권을 사거나 현금을 준비할 필요 없이 교통카드를 교통카
드 리더기에 갖다 대면 결제가 이뤄진다. 이러다 보니 카드키
가 없으면 집에도 못 들어가고 버스도 못 타는 세상이 되었다.

이런 기능을 가능하게 한 기술이 바로 NFC(근거리 무선통신)이
다. NFC는 'Near Field Communication'의 약자로, 1센티미
터 내외 짧은 거리에서 기기 간 접촉 없이 13.56메가헤르츠
(MHz) 대역의 주파수를 이용해 데이터를 교환하는, 데이터를

송수신할 수 있는 무선통신 기술이다. 무선통신은 선을 사용하지 않고 전파를 사용하여 떨어져 있는 거리의 통신체에 데이터 정보를 전달하는 통신 기술을 말한다. 통신방식(Wi-fi, GSM, WCDMA, LTE 등)에 따라서 통달 거리가 수십~수백 킬로미터까지 길 수도 있는데, NFC는 가장 가까운 거리를 커버한다.

NFC라는 용어는 2003년 NFC 통신규격에 대한 국제 표준화가 진행되고, 2004년 NFC포럼의 설립으로 공식화되면서 사용되기 시작했다. NFC포럼은 NFC 기술에 관련한 국제 규격을 제정 및 배포 하는 비영리 국제협회로, 노키아, 필립스, 소니가 설립 멤버이며 초기 단말 및 칩 개발업체를 중심으로 결성되었다. 그러나 점차 마스터카드, 비자카드, JCB, 마이크로소프트, 프랑스텔레콤과 같은 서비스 업체들도 다수 참가하여 현재 150개 이상의 회원사들이 참여하고 있다. 국내에서는 삼성전자, LG전자, 한국전자통신연구원 등이 참여하고 있다

## 결제 등 다양한 IoT 분야에서 활용되다

NFC는 2010년 무렵부터 스마트폰에 탑재되기 시작한 뒤 사

물인터넷(IoT) 분야에서도 필수적으로 쓰이고 있으며, 많은 장점을 가지고 있다. 단말기를 갖다 대는 방식이기 때문에, 단말기끼리 서로 인식하는데 블루투스나 와이파이처럼 복잡한 페어링 절차가 필요 없어 통신을 위한 초기 셋업 타임이 매우 짧다. 즉, 서로의 기기가 어디 있는지 위치를 확인하는 데 필요한 시간이 줄어든다고 생각하면 된다. 기술이 표준화되어서 비용이 적게 들고 기기를 만들기도 쉽다. 동력원이 필요 없고, 보안상 이점도 있다. 이런 여러 가지 장점 때문에 교통카드나 신용카드, 스마트폰 결제처럼 주로 신원이나 카드 정보를 활용하는 용도로 많이 쓰인다.

NFC는 결제뿐만 아니라 슈퍼마켓이나 일반 상점에서 물품 정보나 방문객을 위한 여행 정보 전송, 교통, 출입 통제 잠금장치 등에 광범위하게 활용된다. 대표적인 적용 분야는 디지털 도어록 등 현관 출입 통제, 교통카드와 같은 전자식 결제 등이다. 판독 및 해독 기능을 하는 리더(reader)와 정보를 제공하는 태그(tag)가 한 쌍으로 구성된다. 대형마트에서 상품 가격을 일제히 변경하거나 표시할 때 쓰이는 ESL(전자적 가격 표시기), 완구, 헬스케어, 무선 충전, 차량용 디지털 키, 프리미엄 와인이나 명품 브랜드 옷 등의 정품 인증, 스마트 물류 등에도 NFC가 광범위하게 쓰인다.


## NFC는 단거리,
## RFID는 장거리에 적합


스마트폰으로 NFC 통신을 하기 위해서는 필요한 구성 요소로 NFC칩셋, 안테나, USIM(Universal Subscriber Identity Module)이 있다. NFC칩셋은 데이터를 송수신 및 처리하고, 안테나는 통신을 위한 주파수를 전송하며, USIM은 결제 정보 등 사용자의 정보를 저장하는 역할을 한다.

NFC의 기본 원리는 전자기 유도 현상을 이용하여 교류의 전압을 변환시키는 장치인 변압기의 유도성 결합과 유사하다. 리더의 안테나에 전류를 흘려 자기장을 발생시키고, 이 자기장에 태그의 안테나를 근접시킨다. 리더의 안테나가 생성한 자기장은 태그의 안테나에 유도되고, 이를 통해 전력이 태그에 전송되고 변환되는 전력에 의해 데이터가 교환된다.

우리에게 익숙한 RFID(Radio-Frequency Identification, 라디오 주파수 식별)는 NFC 작동 원리와 유사하다. 간단하게 알아보자. 우선,

두 기술 간에는 연결 범위가 크게 다르다. NFC는 13.56메가 헤르츠로 주파수가 고정되어 최대 10센티미터로 거리가 다소 짧은 반면, RFID는 사용 주파수와 통신방식에 따라 최대 100미터까지 사용 가능하다. 원활한 교통 흐름을 돕고 있는 하이패스에 이 기술이 적용되는데, 고속의 동체나 물질을 투과할 수 있어 달리는 자동차도 정확하게 인식해 요금을 정산한다. RFID는 리더와 태그가 따로 구성되어, 쌍방향이 아닌 단방향 통신이다. 따라서 일종의 바코드로, 일방적인 '읽기'만이 가능하다. 과자나 음료의 바코드를 생각하면 간단하다. 이 바코드는 어떤 정보도 송출하지 않으며, 바코드 리더기를 통해 바코드 내에 적힌 정보를 읽을 뿐이다.

NFC는 리더, 태그가 통합되어 양방향 통신이 가능하며 자체적으로 데이터 읽기와 쓰기 기능을 모두 사용할 수 있다는 점이 다르다. 또한 NFC는 암호화가 가능해 보안성이 높다는 장점이 있고, RFID는 장거리 통신이 가능하다는 것이 장점이다. 이런 특징 때문에 NFC는 모바일 기기 등 개인 단말기에 자주 사용되고 RFID는 개인뿐 아니라 물류 등 각종 산업에서 활발하게 이용되고 있다.

많은 응용분야가 있지만 간편결제, 자동차 및 스마트 물류 분야 NFC 칩 시장의 확대가 지속적으로 예상된다. 2015년 등장한 삼성페이는 개인의 삶에 큰 변화를 가져왔다. 그리고 국내 간편결제 시장을 독점해 왔다. 그런데 2023년 3월에 현대카드의 애플페이가 출시되면서 관심을 갖게 된 것이 애플페이에 적용된 NFC 비접촉 결제 방식이다. 이제까지 애플페이가 국내에 도입되지 않았던 것은 NFC 비접촉 결제를 지원하는 단말기 보급이 10% 수준으로 많지 않은 탓도 있었다. 삼성페이는 이러한 상황을 고려해서 NFC 기술과 MST(Magnetic Secure Transmission, 자기 보안 전송) 기술을 모두 채택했다. 기존 신용카드 뒷면을 보면 은색이나 검은색 띠가 있는데, 이 띠에는 신용카드 정보가 저장되어 있어서 카드 단말기에 긁으면 정보를 읽어 신용거래를 할 수 있다.

앞으로는 삼성페이도 NFC 방식으로 통일될 것으로 전망된다. 신용카드나 모바일 결제에 NFC 기술을 사용하는 이유는 신용카드 결제를 빠르고 쉽게 하면서도, 카드 정보의 복제를 막을 수 있기 때문이다.

# 자동차로 확장되는 NFC 기술

스마트폰의 NFC 전자결제가 대중화되고 소비자들에게 편의성이 각인되면서, 자동차 분야의 경우 스마트폰 NFC를 활용한 스마트 잠금장치가 우선 도입되었다. 또한 다른 근거리 통신과 달리 양방향 통신이 가능하다는 NFC의 특징을 기반으로 렌털, 카 셰어링, 차량 관리 등이 가능하다.

국내에서 NFC는 자동차에 대한 비접촉 결제 및 액세스 제어에 적용되며, NFC 태그가 장착된 스마트폰을 이용해 주유나 전기차 충전도 가능하다. 현대와 기아 등 국내 주요 자동차 제조업체들이 이미 NFC 기술을 차량에 적용하기 시작했으며, 향후 이러한 추세가 확대될 전망이다. 자동차 산업에서는 일반 차량에서 전기차 및 자율주행차로의 급격한 변화를 진행하면서 NFC 기술의 수요는 꾸준히 증가할 것으로 전망된다.

물류 분야에서는 삼성전자, LG전자, 현대글로비스 등 국내 주요 기업들이 이미 NFC 기술을 물류 시스템에 적용하여 NFC 태그가 장착된 박스를 사용하여 창고 관리를 하고 있다. 기업들이 공급망을 효율적으로 관리하고 물류 비용 절감에 대응하면서 NFC는 향후 국내 물류 산업에서 더욱 광범위하게 채택될 것으로 예상된다. 이렇듯 자동차나 스마트 물류 분야 외에도 국내외 NFC 시장은 다양한 응용 분야에서 적용이 확대될 것으로 예상된다.

기술의 핵심에 해당하는 NFC칩셋 개발은 국내 팹리스 기업인 쓰리에이로직스가 유일하다. 해외 주요 기업으로 NXP, ST마이크로일렉트로닉스, 인피니언테크놀로지스(Infineon Technologies)를 꼽을 수 있다.

앞으로 NFC의 성장 가능성은 무궁무진하다. NFC 기술은 물건을 사고 결제하는 등 일상생활에서 다양하게 사용되고 있지만, 그 이상의 영역과 보다 넓은 분야에서 활용될 수 있을 것이다. 기업은 고객을 이해하고 고객에게 즐거움과 행복을 줄 수 있는 것이 무엇인지 늘 찾아야 한다. 그것이 고객을 위한 서비스 개발이며, 고객을 이해하는 마음이 새로운 시스템반도체 개발로 이어져야 할 것이다.

# AI가 만드는
# 인간 중심의 스마트시티

인류의 역사는 곧 도시의 역사다. 도시는 영어로 시티(city), 프랑스어로 시테(cité)를 일컬으며, 라틴어 키비타스(civitas)에서 유래된다. 키비타스는 한정된 공간에 모여 사는 사람들이 각자 책임과 의무, 권리를 갖고 공동체를 형성하는 형태를 의미한다.

아테네는 세계에서 가장 오래된 도시 중 하나다. 아테네 아크로폴리스에 있는 파르테논 신전은 종교와 방위의 기능을 갖는 도시의 상징적 구조물이었고, 그 주변에는 '아고라'라는 광장이 있어 이곳에서 아테네 시민들은 이야기를 나누고, 회의하고, 재판했다. 물건을 사고파는 것도 이곳에서 이뤄졌다. 로마에서도 도시가 형성됐다. 로마는 매우 잘 정비된 도로를 갖춘 사각형 모양으로 만들어졌는데, '모든 길은 로마로 통한다'는 말은 바로 이러한 도시의 모습에서 유래한 말이다.

18세기 후반 산업혁명 이후에는 자원이 풍부한 지역을 중심으로 공업 도시가 발달했다. 공장이 들어선 지역은 일자리를 찾아 많은 인구가 유입됐고, 그 주변에는 철도와 도로, 노동자들의 대규모 거주 지역이 만들어졌다.

하지만 공업뿐만 아니라 서비스·금융·문화 등 다양한 기능을 종합적으로 수행하는 도시로 발전되고 인구 집중화 현상이 급속히 진행되면서, 그에 따른 환경 오염, 교통 체증, 범죄 등 도시의 다양한 문제들이 계속 증가하고 있다. 이런 문제들을 해결하기 위한 대안으로 스마트시티가 대두되고 있다.

스마트시티의 개념은 아직 명확히 정의돼 있지 않다. 일반적으로 스마트시티는 도시에 IoT·AI·빅데이터 등의 기술을 접목해 각종 도시 문제를 해결하고 삶의 질을 개선할 수 있는 도시를 말한다. 스마트시티에서 가장 중요한 것은 '연결'이다. IoT는 도시를 인터넷에 연결하고 수집한 데이터를 분석해 도시 활동을 최적화한다.

스마트시티는 IoT 응용의 하나이지만, 스마트홈과 자율주행차를 포함하는 매우 큰 범위를 차지한다. 개인과 개인은 물론 가정과 가정, 사람과 도시 전체가 연결된 확장판이다. 사물의 범위가 도시이므로 매우 포괄적이다. 개별 가정과 도로·환경·도시 안전 등 모든 도시 인프라를 통신 네트워크로 연결한다. 따라서 4G·5G의 셀룰러 망뿐만 아니라 저전력 광역통신망(LPWAN) 기술인 로라(LoRA), 협대역 사물인터넷(NB-IoT) 같은 통신 기술을 이용해 급증하는 데이터를 안정적이고 빠르게 유통할 수 있다.

사물인터넷의 '사물(Thing)'은 '인터넷 오브 싱스(Internet of Things)'를 우리말로 번역하면서 생긴 말이다. 여기에서 '사물'은 유형뿐만 아니라 가상의 사물을 모두 포함한다. 하지만 정말 중요한 것은 '어떻게 인터넷으로 연결할 것인가'보다 '왜 인터넷으로 사물들을 연결하는가'에 있다. 핵심은 '사물의 지능화와 사물 간의 정보 공유를 위해서'다.

도시 곳곳에 설치된 센서를 통해 수집한 데이터를 클라우드에 모아 분석한 결과를 바탕으로 각종 서비스를 제공하는 일이다. 그렇게 되면 센싱 데이터 기반의 도시 지능형 서비스가 가능해진다. 즉, 도시 전체를 똑똑하게 만드는 것이다.

어떤 기술들이 필요할까? 우선 센서가 탑재된 다양한 디바이스들을 통해 의미 있는 센싱 정보들을 수집해야 하므로 센서와 상황 인지 기술이 있어야 한다. 그다음은 데이터를 전달하기 위한 네트워크 기술, 대량의 데이터를 처리하는 클라우드 환경과 AI·빅데이터 기술, 그리고 지능형 플랫폼 기술이나 보안 기술이 있어야 한다. 마지막으로 사용자 중심의 응용 서비스 기술이 중요하다. 따라서 스마트시티에 사용되는 기술은 여러 기술이 정교하게 제어되는 커다란 제어 시스템이라고 할 수 있다.

서비스는 크게 두 가지 유형으로 나눌 수 있다. 첫째, 개인 서비스다. 홈·자동차·헬스 등 개인 주변 생활 제품에 연결돼 개인의 삶의 질 향상에 관련된 것이다. 이는 개인의 안전과 편리한 삶을 위한 사용자 중심 서비스를 제공하게 된다.

둘째, 공공 서비스다. 전력망의 공급자와 소비자 간 양방향, 실시간 전력 정보를 교환해 에너지 효율을 최적화하는 스마트그리드 사업이나 교통신호등, 주차장 등에 센서를 설치해 지능형 교통 관리 등을 지원하는 사업 등이 있다. 또한 도시 데이터와 AI를 접목하면 재난 대응과 치안 효과를 높일 수 있다.

## 스마트시티의 핵심은 AI

스마트시티가 AI를 어떻게 활용하고 있는지 보여 주는 좋은 사례는 영상 데이터를 활용한 감시 영역이다. 기존 도시들은 대부분 CCTV 시스템을 보유하고 있으므로, 영상을 검색할 수 있는 클라우드 기반의 AI 시스템을 점점 더 많이 채택할 수 있다. 주요 시설물의 방범·관리 모니터링, 도로·교통 위험 상황 모니터링, 차량 운행·관리 모니터링이 이에 해당한다. 영상 데이터를 활용한 감시 영역에서는 더 빠르고 정확하게 상황을 판단하는 것이 매우 중요하다. 더 정확한 상황판단을 위해 열화된 이미지를 선명하게 개선하는 전처리(pre processing) 기술, 전경과 배경을 분리하고 객체를 인식하는 기술, 인식된 객체의 이동(궤적)을 추적하는 기술 등이 연구되고 있다. 삼성의 보안 전문 기업인 에스원은 AI 기술을 활용해 실제 스마트시티에 적용 중이다. 몇 가지 사례를 들어 보자.

아파트 단지에 들어서는 차량의 번호판을 인식해 어떤 차량이 언제 출입했는지 조회할 수 있다. 인적이 드문 아파트 단지 뒤쪽 또는 외곽 지역에 가상으로 경계선을 긋고 누군가 접근하면 경보를 울린다. 또한 사람이 갑자기 쓰러졌을 때 이를 감지해 경비 요원이 출동하고, 112와 119 신고도 신속하게 이뤄진다. 쓰레기 무단 투기나 조형물 등 특정 물품의 도난을 감지하고, 화재를 자동으로 감지해 알려준다.

공공 청사에서는 지능형 CCTV에 촬영된 출입자의 얼굴을 분석하여 얼굴 인식을 통한 출입 허가와 직원 근태 관리가 가능하다. 초창기 얼굴 인식 기술은 출입자가 멈춰 정면으로 카메라를 응시해야만 인식할 수 있는 수준으로 활용 분야가 제한적이었지만, 최근 AI 기술 적용 덕분에 얼굴 템플릿 추출, 포즈 추정, 매칭 알고리즘으로 보행 중에도 얼굴 인식이 가능해졌다. 또한 적외선 얼굴 인식과 위·변조 얼굴 감지 기술이 발전하면서 점차 활용 분야가 확대되고 있어 향후 스마트시티에서의 신원 증명 수단으로 활용될 가능성이 높다.

도로·교통 위험 상황 모니터링은 도로 곳곳에 설치된 지능형 CCTV를 활용해 위험 상황을 감지한다. 영상 분석을 통해 사람을 구별하는 방법을 응용해 횡단보도에서 보행자를 감지하고, 일반 도로에서의 무단 횡단을 감지한다.

미국, 영국, 캐나다, 싱가포르 등 선진국은 물론이고 중국이나 인도 등 아시아 신흥국들도 다양한 스마트시티 모델을 생각하고 있다. 사우디아라비아는 세계 최대 스마트시티 '네옴

(NEOM)'을 계획하고 있다. 이 도시는 완전 자율주행차만 진입을 허용한다고 한다. 한국 정부 역시 세종과 부산에 스마트시티 조성과 확산을 위한 국가 시범 도시를 추진한다.


## 기술보다 사람이 중심이다

스마트시티는 스마트홈411과 자율주행차를 포함하는 넓은 응용 범위를 차지하고 있다. 기술적인 면에서는 IoT·AI·통신 네트워크 등 다양한 기술의 최적화된 결합을 요구한다. 응용 범위는 넓고 기술은 다양하다는 것이 특징이다. 그렇다면 스마트시티는 어떤 방향으로 추진해야 할까.

2000년 초 추진됐던 유비쿼터스 시티(ubiquitous city)의 실패 이유는 지나치게 기술 중심으로 접근했다는 지적이 많다. 스마트시티 개발은 사람을 중심에 둬야 한다. 기술은 수단이다. 기술이 사람에게 어떤 의미가 있고, 어떤 영향을 미치는지 고민해야 한다. 궁극적으로 도시가 해야 할 일은 도시 안에 사는 사람들의 행복과 삶의 질을 높이는 일이다.

IoT나 AI 기술은 도시를 더 똑똑하게 만들 수 있다. 도시에 사는 사람들의 행동을 데이터화하고, 그 데이터를 AI가 분석해 그들에게 실제 필요한 맞춤형 예측 서비스를 통해 개인 삶의 질을 높일 수 있어야 한다. 예를 들면, AI 헬스케어와 접목해 노인과 환자를 실시간 모니터링해 응급 상황에서 원격진료를 할 수 있다.

《논어》에 '수기안인(修己安人)'이라는 말이 나온다. 공자는 군자를 일컬어 '자신을 갈고닦아 남을 편안하게 하는 사람'이라고 했다. 군자의 마음으로 기술을 바라봐야 하지 않을까 싶다. 사람을 편안하게 하고 행복을 위한 기술이야말로 사람들의 마음을 사로잡을 것이다.

사람을 이해하고 사람의 행복을 위한 서비스를 발굴해야 한다. 스마트시티의 최종 목적은 사람들이 편리하고 안전한 삶을 누릴 수 있는 도시여야 한다.

# 빠르게 성장하는
# AI 헬스케어

의학 기술의 발전으로 전 세계적으로 인류의 수명이 증가했지만, 그에 따라 의료 시스템은 헬스케어 서비스 수요 및 비용 증가, 의료 인력 공급 부족 등과 같은 문제에 직면하고 있다. 헬스케어는 질병의 치료, 예방, 건강 관리 과정을 모두 포함한 것을 의미한다. 최근 헬스케어 산업의 트렌드는 전통적인 치료 중심의 의료 서비스에서 개인의 건강을 관리하고 예방하는 추세로 발전하고 있다. 따라서 사람들은 더욱 안전하고 효과적인 진료를 통해 질병 예측과 개인 맞춤형 치료를 기대하게 된다.

헬스케어는 개인의 병원 내 진료 기록, 건강 데이터, 의료 영상 데이터, 유전체 데이터뿐만 아니라, 웨어러블 디바이스를 통해 얻는 생활 습관, 운동량, 수면 패턴 같은 환자의 일상생활에서 발생하는 라이프로그(life log) 데이터를 종합적으로 분석해야 가능하다. 하지만 방대한 양의 데이터를 분석하여 환자를 위한 질 높은 최상의 의료 서비스를 하는 데 의사의 노력만으로는 분명히 한계가 있다.

따라서 대규모 의료 데이터를 체계적으로 분석하고 해석할 수 있는 AI 기술이 주목받고 있다. 헬스케어와 AI를 접목하려는 움직임도 활발하다. AI가 빅데이터, IoT, 클라우드 컴퓨팅 기술 등과 함께 활용되면서 개인의 헬스케어 정보의 생성, 수집, 저장이 가능해졌다. 또한 인간 의사 옆에서 AI가 데이터 분석과 의사 결정을 도와주는 것도 가능하다. 의료 서비스 제공 방식에 AI가 변화를 일으키고 있는 것이다.


## 광범위하게 활용되는 AI 헬스케어

챗GPT와 구글 제미나이와 같은 생성형 AI의 도입은 예방, 진단, 처방 등 복잡하고 고도의 전문성이 요구되는 의료영역에서부터 개인의 건강 관리에 이르기까지 다양한 분야에서 광범위하게 활용되고 있다.

첫째, AI 헬스케어의 활용이 가장 활발한 쪽은 의료 영상 분야다. 기존에는 임상의나 영상의학 전문의의 시각적 인지 능력과 판단력에 의존했었다. 그러던 것이 AI가 의료 영상의 특징을 정확하고 신속하게 인식할 수 있는 수준으로 발전되고 있다. 의료 이미지 분석을 통해 의사들의 진단 및 처방에 AI가 도움을 제공하는 방향으로 의료 분야에 적용되고 있다. 영상 진단은 X-레이, CT, MRI, 초음파 등의 기기를 통해 습득한 영상 정보를 AI가 분석하고 판독하는 방식으로 이뤄진다.

국내 기업들도 활발히 의료 AI 솔루션을 개발 중이다. '의료 AI 삼인방'이라 불리우는 루닛, 뷰노, 제이엘케이가 대표적이다. 루닛은 2022년 11월 의료 AI 업계에선 최초로 국가 암 진단 운영 사업자로 공식 채택됐다. 유방암, 폐암과 폐 섬유화를 비롯한 10가지 폐 질환 검진 솔루션에 주력하고 있다. 또한 2024년 카타르에 국가 유방암 검진 솔루션을 공급한다. 뷰노는 입원 환자의 기본적인 생체 활력 징후 데이터를 활용해 24시간 내 심정지 발생 위험도를 제시한다. 뷰노의 매출 대부분이 이 제품에서 나온다. 제이엘케이는 뇌졸중 등 뇌 질환 의료 AI 솔루션 개발에 주력하고 있다.

둘째, 신약 개발이다. 신약을 개발하는 과정은 큰 비용과 긴 시간이 필요하다. 신약 개발은 보통 후보물질 탐색부터 인체 임상까지 평균 10년이 소요된다. 후보물질 탐색은 신약 개발의 첫걸음으로, 후보물질을 얼마나 빠르게 찾는지가 빠른 신약 개발의 관건이다. 탐색 대상이 되는 자료는 논문, 보고서, 생물학 정보 데이터 등 종류도 다양하고 분량도 많은데, AI는 자료 검토를 통한 화합물 탐색, 탐색된 화합물 구조 정보와 단백질 결합능력의 계산 등을 통해 후보물질 발견 단계에서 소요 시간과 비용을 크게 줄여준다. 실제로 화이자는 AI를 활용해서 10년 이상 걸릴 코로나19 백신 개발을 10.8개월로 줄였다.

셋째, 진료 프로세스 개선이다. 환자와 의료진 간의 접촉을 줄이는 한편, 효과적으로 의료 행위를 할 수 있는 다양한 솔루션이 개발되고 있다. 이런 과정에서 의료진을 보조하거나, 의료진의 개입을 줄이는 방향으로 AI를 접목하려는 다양한 시도가 이뤄지고 있다. 영국에서 2013년 창업한 바빌론헬스가 대표적인 기업으로, AI를 통한 사전 진단, 비대면 진료와 필요시 대면 진료로 의료비를 절감하는 디지털 건강 관리 플랫폼이다. 질병 진단이 아닌 예방에 중점을 맞춘다. 바빌론헬스의 전체 매출의 90% 이상이 보험회사로부터 발생하는데, 보험 가입자들의 건강 관리를 대신하면서 비용 절감이 가능한 서비스를 내세우고 있다. 바빌론헬스는 북미, 유럽, 아프리카, 아시아 등 전 세계 15개국에서 15개 언어로 글로벌 환자 네트워크를 지원하고 있으며, 240만 명이 사용 중이다.

넷째, 병원 업무의 효율화이다. 의료 행위는 단지 환자의 진단, 진료, 치료에만 국한되지 않는다. 진료 기관이 환자의 방문 기록과 보험금 청구 등 각종 서류를 처리하는 데 막대한 행정 비용이 발생한다. 방대한 자료를 정리할 능력을 가진 생성형 AI는 행정 업무를 줄이는 데 활용할 수 있다.

또한 국내 주요 병원들은 제각기 AI 연구조직을 가지고 있다. 성균관대 삼성서울병원은 2019년 'AI연구센터'를 설립하여 CT, MR 등 영상진단 분야에서 특발성폐섬유화증, 메니에르병과 같이 희귀질환이나 안저영상, 심전도, 뇌전도 등 다양한 분야의 AI 연구를 수행하고 있다. 가천대 길병원은 2024년 내시경 진단을 돕기 위한 내시경 동영상 데이터들을 학습시켜서 AI 내시경 진단의 오진을 줄이기 위한 솔루션 개발에 박차를 가하고 있다.

## 스마트워치, 스마트링을 통한
## AI 헬스케어 강화

삼성은 2024년 7월, '갤럭시 언팩 2024'에서 AI를 강화한 개인 건강 관리 솔루션을 제공하는 갤럭시링, 갤럭시워치7, 갤럭시워치 울트라를 공개하고 판매를 시작했다. 특히, 스마트링은 개인의 건강 상태를 24시간 밀착관리 하고 있으며, 수면을 분석하고 수면 습관을 개선하도록 돕는다. 사용자는 매일 아침 기상 후에 수면 중 움직임, 잠들기까지 걸린 시간, 수면 중 심박수와 호흡수 등 수면의 질에 관한 정보를 알 수 있다. 심박수 알림 기능은 사용자의 심박수가 너무 높거나 낮으면 이를 즉각적으로 알려주는 기능이다. 또한 사용자가 걷거나 달리기를 하면 자동으로 운동 진행 상황을 측정하고, 사용자가 오랫동안 움직이지 않았을 때 목표 달성을 위한 동기를 부여한다.

2024년 6월, 애플은 세계개발자회의(WWDC)에서 애플워치의 개선된 기능을 발표했다. 사용자의 평균 운동량을 분석해 이보다 급격하게 운동하면 경고 메시지를 띄우는 등 보다 안전하게 운동할 수 있게 했다. 또한 갤럭시워치와 유사하게 수면 중에도 심박수 등을 체크해 평균 수치를 벗어나면 알람을 울리도록 했다. 앞으로도 스마트워치 제조사들이 AI를 통해 헬스케어 기능을 강화할 것으로 보인다.


## 개인 맞춤형 헬스케어 산업 활성화와
## 비례하는 AI의 활용


미국 IBM에서 개발한 '의료계의 알파고' 왓슨(Watson for Oncology, WFO)은 의료계에 이미 많이 쓰인 적이 있다. 가천대 길병원은 2019년 9월, 한국 최초로 왓슨을 도입해서 의료 환경에 적용한 바가 있다. 왓슨은 딥러닝, 강화학습을 거쳐서 지금의 LLM을 기반으로 한 생성형 AI 등장으로 발전되어 왔다.

알파고 개발사로 유명한 구글 딥마인드는 2024년 5월에 단백질 생성 AI 모델 알파폴드(Alphafold)의 최신 버전인 알파폴드3를 공개했다. 이번에는 단순한 구조 예측을 뛰어넘어, 단백질이 우리 몸 안에서 생체분자와 어떻게 상호작용할 수 있는지 예측할 수 있을 것으로 보인다. 미래 의료는 아마도 현재 가장 관심이 뜨거운 어텐션(attention) 기반의 트랜스포머(transformer) 기술의 확장판인 알파폴드3와 같은 기술과 유전체(Genomics) 분야와의 접목으로 급격히 바뀔 것이 확실하다.

신약 개발과 같은 첨단 바이오 산업 분야에서는 이제 알파폴드 없이는 개발이 어려운 상황인 것처럼, 미래 의료인들은 AI 도움 없이는 진단과 치료에서 한 발자국도 못 나아가는 시기가 곧 도래할 것이다. 그렇지만 의사는 치료의 최종 판단과 책임을 지게 된다. 현재의 AI는 인간 의사를 돕는 역할을 할 뿐이다. AI를 과신해서는 안 된다. 또 AI의 성능이 데이터의 양과 질에 의해 결정된다는 것을 늘 고려해야 한다. 양질의 학습 데이터를 확보하는 것이 가장 우선되어야 하는 과제다.

현재 의료 기관 중심의 사후 진단 치료에서 의료 고객 중심의 예방 관리로, 헬스케어의 패러다임 변화가 일어나고 있다. 인간의 건강 문제를 다루는 AI 헬스케어 시장은 전 세계적으로 여러 AI 응용 분야 중에서도 가장 큰 시장이다.

미래에는 AI 덕택에 최고의 질 높은 의료 서비스를 받게 될 것이다. AI는 환자를 실시간으로 모니터링 하며 위험을 예측해서 치료 중인 의사와 환자에게 위험을 알리면, 환자는 즉시 치료받을 수 있다. 나만을 위해 의사가 24시간 365일 관찰과 관리를 하고, 최종적으로 치료의 필요성과 그 시점을 예측해 치료 방법을 제안하는 시대가 열릴 것이다.

# 자율주행차,
# 모빌리티 서비스로 진화하다

지난 백여 년간 내연기관 자동차는 외양과 편의사양만 달라졌을 뿐, 큰 변화 없이 지금껏 흘러왔다고 해도 과언이 아니다. 1903년 설립된 자동차 회사 포드의 초기 성공 모델인 T형 자동차는 1927년 모델 단종 때까지 누적 판매량 1,700만 대라는 기록을 세우며, 당시 최고의 상품이 됐다. 이러한 포드의 성공은 철강 산업의 부흥과 주유소 인프라의 건설 확대, 거대 정유 기업의 등장을 이끌었고, 미국의 교외 도시 건설을 촉진하는 등 경제 발전을 가져왔다. 마찬가지로 자율주행차는 포드자동차보다 더욱 강력한 사회 변화를 만들어 낼 것이다.

앞으로 자율주행차 시대가 본격화하면 자동차가 단순한 이동 수단을 넘어 모빌리티 서비스로 진화할 것이다. 또 자율주행 시스템을 통해 도로를 달리게 된다면 운전자의 부주의로 인한 사망자는 줄어들 것이다.

자율주행차를 이끌어 가는 신기술로는 인공지능(AI)과 사물인터넷(IoT)이 결합한 '사물지능(AIoT)'이 꼽힌다. AIoT에서 사물(thing)에 해당하는 것이 자동차다. 자율주행차에 설치된 많은 센서로부터 도로 상태, 외부 장애물 위치 등을 수집하고, 이를 분석한 데이터를 기반으로 AI가 의사 결정을 하게 된다. 자동차를 사람의 개입 없이 똑똑하게 만드는 것이 AIoT 기술의 추진 방향이다. 자율주행차는 사람의 개입 없이도 차량 자체의 판단만으로 가능하도록 발전하고 있다.

## 모빌리티 서비스로 재편되는
## 자동차 산업

70년 역사를 자랑하는 자동차 전시회인 독일 프랑크푸르트 모터쇼가 2020년 막을 내리고 'IAA모빌리티쇼'라는 새 이름으로 2021년 9월 새롭게 시작됐다. 개최지도 프랑크푸르트에서 뮌헨으로 바뀌었다. 내연기관 중심의 자동차 산업이 모빌리티 산업으로 재편되는 역사적인 전환점을 상징하는 장면이다. IAA모빌리티쇼는 단순하게 신차를 전시하는 것이 아니고 전기차, 수소전기차, 자율주행, 차량 공유, 이동 플랫폼 등을 보여줬다. 모터사이클, 자전거, 드론 등 기존 모터쇼에서 보기 힘든 이동 수단도 전시에 포함됐다.

이러한 변화는 디자인이 예쁘고 연비가 좋은 자동차가 더 이상 소비자의 구매 기준이 아니며, 모빌리티로 서비스가 바뀌고 있음을 잘 보여준다. 자동차는 자율주행 기술과 만나서 '바퀴 달린 스마트폰'으로 진화하는 것이다.

자동차가 스마트폰처럼 소프트웨어 중심 기기로 탈바꿈하고 있다. 주요 완성차 업체는 스마트폰 속 애플리케이션처럼 차 안에 영화나 게임, 결제 수단 등 IT 콘텐츠 서비스를 제공하는 데 주력하고 있다. 2019년 애플은 서비스 회사라고 선언했고, 앱스토어 및 뮤직 외에도 총 네 가지 애플 서비스(뉴스, 게임, 영상 콘텐츠, 금융)를 진행하고 있다. 이미 잘 구축된 앱스토어의 애플 생태계를 기반으로 모빌리티 서비스 사업을 하겠다는 의도다. 애플은 아이폰이 덜 팔려도 서비스에서 수익을 내는 안정적인 사업 체계를 만들었다. 고정비 외에는 개발비나 인건비는 거의 들지 않으니 가입자가 늘어나면 늘어날수록 수익률이 좋을 수밖에 없다.

애플과 똑같은 형태의 사업을 하는 회사가 있다. 바로 테슬라다. 완성차 한 대를 판매할 뿐만 아니라 소비자가 추가 비용을 내면 서비스가 제공되고, 구독 서비스 형태로도 판매해 지속적인 매출도 창출한다. 테슬라는 자율주행 옵션인 완전자율주행(FSD) 소프트웨어를 무선 업데이트를 통한 구독 서비스도 제공하고 있다. FSD는 오토파일럿과는 별개로 구매해야 한다.

그렇지만 머스크의 호언장담과는 다르게 기술적으로 해결해야 할 어려움은 있어 보인다. 2024년 5월, 미국에서 FSD를 켠 채 주행하던 테슬라 차량이 열차와 충돌할 뻔한 사고가 있었다. 현재는 FSD 서비스 이용률이 부진한 상태다. FSD 소프트웨어 가격을 내리고, 월 사용료를 인하하기도 하고, 심지어는 한 달간 무료 체험 서비스를 진행하기도 했다. 그러나 FSD라는 이름은 '완전자율주행(Full Self Driving)'이라는 의미를 가지고 있지만, 아직은 운전자가 주행에 적극 개입해야 하는 수준인 것 같다.

하지만 기술적 난제는 해결해 나갈 것이고, 앞으로 자율주행차 시장의 성장으로 향후 모빌리티 사업의 빠른 성장이 기대된다. 모빌리티 사업의 핵심축이 될 시스템반도체와 소프트웨어, 이를 통한 비즈니스 서비스 구축을 체계적으로 준비해야 하는 이유다.

완성도 높은 자율주행차를 만들기 위해선 모범 운전자를 닮기 위한 노력을 해야한다. 이를 위해선 자율주행차가 주변 상황을 판단하고 실행하도록 다양한 기술이 필요하다. 세부적으로 보면 측위, 인지, 판단, 제어 기술이 꼽힌다.

측위는 차가 도로 위 어디에 있는지 GPS(위성항법장치)를 이용해서 계산하는 기술이다. 운전자는 주변을 살피는 것만으로 운전에 필요한 도로 상황을 파악할 수 있다. 각종 이정표와 주변 지형지물을 살펴야 한다. 운전자가 눈을 떠 교통 상황을 살피는 이 단순한 과정에서 우리의 눈은 다음의 과정을 거친다. 피사체로부터 반사된 빛을 모으고, 감지하고, 색을 구분하며, 망막의 시각 세포가 이를 인식해 그 정보를 대뇌로 전달하여 우리가 보는 상을 인식하게 된다. 자율주행차에 장착된 카메라의 이미지센서는 인간 운전자의 망막 역할을 담당한다.

자율주행차는 카메라, 레이더, 라이다 등의 정밀 센서 등을 이용해서 차량 주변 상황을 읽고 감지해 낸다. 이런 세 가지 센서를 묶어서 자동차가 주변 상황을 인지하는 데 사용하고 있다. 카메라는 렌즈를 통해 주변 물체를 식별하고, 레이더는 전파를 발사해 거리나 속도를 측정한다. 라이다는 고출력 레이저 펄스를 발사해 레이저가 목표물에 맞고 되돌아오는 시간을 측정한다. 라이다를 통해 단순히 장애물 유무뿐 아니라, 원근감과 형태까지 인식할 수 있다. 다만 가격이 너무 비싸다는 것이 단점이다. 신호등과 표지판을 보고 교통법규를 지키는 동시에, 법규를 제대로 지키지 않는 차량이 접근하면 바로 브레이크를 밟아 멈추거나 차선을 변경하기도 한다. 센서들을 통해 입력된 정보는 단순히 이미지 및 물체까지의 거리 같은 단순한 데이터에 불과하지만, 해당 데이터들을 자율주행차가 이해할 수 있는 정보로 적절하게 바꿔서 전달하게 되는데, 바로 인지 단계다.

다음으로 인지 단계에서 얻어낸 정보를 바탕으로 분석해, 자동차가 어떤 동작을 취해야 하는지를 진행하게 되는 판단 단계에서 AI 기술을 적용하게 된다. 그중에서도 인간의 신경망을 모방한 딥러닝 기반의 방법이 사용된다.

그다음은 제어 기술이다. 자율주행차가 인지를 통해 상황을 이해하고, 판단을 통해 최종적으로 차를 움직이게 하는 가속

페달, 브레이크 페달, 스티어링 휠 등을 조작하게 된다. 운전자는 주변 환경을 눈을 통해서 확인하고 본능적으로 자동차 주행을 수행하지만, 자동차가 스스로 주행을 수행하기 위해서는 AI 알고리즘을 빠르게 실행할 수 있는 컴퓨팅 파워가 높은 시스템반도체가 필요하다.


## 반도체와 소프트웨어가
## 경쟁력을 좌우한다


미래 자동차 산업은 시스템반도체와 소프트웨어 경쟁력이 좌우할 것이다. 차량용 시스템반도체는 시스템IC, 시스템SoC, 메모리, 전력 반도체로 구분할 수 있다. 시스템IC는 입출력 처리, 전원 공급 및 기능, 안전에 대응하며, 시스템SoC는 소프트웨어 기반의 프로세싱을 제어하는데, 영상·통신 신호 처리를 담당한다. 자동차의 두뇌 역할은 전자제어장치(ECU)가 담당하는데, 시스템SoC인 마이크로컨트롤러유닛(MCU) 칩과 AP 칩이 사용된다. MCU 칩은 현재 시판되는 내연기관 자동차의 자율주행 단계를 볼 때, 상대적으로 낮은 레벨 0~2(초기)까지의

ECU에 쓰이는데, 레벨 2~5(고급)의 진화된 자율주행을 구현하기 위해서는 AP 칩 같은 고성능 시스템반도체가 필요하다.

국제자동차기술자협회에 따르면, 자율주행은 6개 단계(레벨)로 나뉜다. 운전자의 도움이 필요한 1~2단계와 달리 3단계부터는 운전자 개입이 확 줄어든다. 여기서부터 본격적인 자율주행의 시작이라 할 수 있다. 운전의 주도권이 차량으로 넘어간다는 것을 의미한다. 4단계는 제한된 범위 내에서는 완전자율주행이 가능하며, 5단계에서는 운전석이 없는 진정한 자율주행 단계다. 현재 상용화한 자율주행차는 2.5~3단계 수준에와 있다.

향후 자율주행차는 SDV(Software Defined Vehicle, 소프트웨어로 정의되는 차량) 개발 체계로 나아갈 것이다. 소프트웨어에 의해 자동차의 새로운 기능이 만들어지는 세상이 오면, 자동차의 개발기간이 절반 이하로 개선되는 혁신이 이뤄지고, 자동차가 승객이 원하는 모든 서비스를 클라우드로부터 쉽게 다운로드해 즉시 제공할 수 있는 시대가 열릴 것이다. 현대자동차는 자체적인 시스템반도체, 시스템 소프트웨어 개발 능력을 갖추기 위한 노력을 진행 중이다. SDV 관련 R&D에 역점을 두어 왔고, 2025년까지 모든 차량을 SDV로 전환하겠다는 목표를 추진 중이다. 체계적으로 전기차, 자율주행 등 미래 모빌리티 시대를 준비하고 있는 것으로 생각된다.

# AI 반도체 회사로 변신한 테슬라

테슬라는 전기자동차의 대명사로 통하며 승승장구해 왔지만, 2024년에 들어서며 사정이 예전 같지 않다. 전 세계적인 전기차 수요 둔화에 중국발 가격 경쟁까지 겹쳐 실적이 크게 나빠졌다. 어쨌든 전기자동차·자율주행차 중심에 일론 머스크 테슬라 CEO와 테슬라가 있다.

'테슬라'라는 기업명은 오늘날의 교류 전기 시스템을 만든 공학자 니콜라 테슬라에서 따온 이름이다. 그는 에디슨과 함께 전기의 양대 산맥으로 기억될 정도로 인류의 진보에 큰 업적으로 남겼다. 영화 〈커런트 워〉는 에디슨과 니콜라 테슬라 두

인물이 전기를 개발하고 난 뒤 일어난 갈등을 다룬 영화이다. 에디슨은 직류 시스템을 고집하고, 테슬라는 교류 시스템을 주장했었다.

기업 테슬라는 2003년에 만들어졌다. 창업했을 때만 해도 골프장에서 쓰는 전기자동차를 만드는 회사 정도로 인식되기도 했다. 그런 테슬라였지만, 현재 열풍은 대단하다. 사람들은 테슬라 자동차의 품질이 떨어지는 문제가 있는 것을 잘 알고 있지만, 그걸 감수하며 구매할 정도로 테슬라라는 브랜드를 사랑한다. 특히 밀레니얼 세대는 더 열광적이다.


## 자율주행 기술 수준은 6단계로 나눈다

무인 자율주행은 이미 많이 활용되고 있다. 현재 신분당선 지하철은 기차 간 운행 간격과 속도 등이 자동으로 제어되고, 대부분 비행기는 자동 항법 시스템으로 운항한다. 이착륙을 제외한 대부분 비행에서 조종사는 자동 조종 기능의 도움을 받는다. 조종사는 문제가 발생할 때만 이를 관측하고 바로잡는 일만 수행한다.

비행기 조종사를 자율주행차의 운전자로 생각하면 쉽게 이해가 된다. 미국자동차기술학회(SAE)는 자율주행 단계를 레벨 0에서 레벨 5까지 총 6단계로 세분화해 나눈다. 이는 기술 개발 성숙도에 따른 구분이다. 레벨 0은 자동화 기술이 적용되지 않는 단계다. 레벨 1은 발만 떼는 수준이며, 앞차와의 간격을 유지해 준다. 레벨 2는 손을 떼는 수준으로, 차로를 유지해 준다. 일정 조건에서는 알아서 갈 수 있다. 레벨 1~2는 운전자를 보조하는 수준이고, 주행 책임은 운전자에게 있다. 현재 소비자가 구입할 수 있는 자율주행차 단계는 레벨 2다.

레벨 3부터 자율주행이라고 부를 수 있다. 이때부터는 부분적으로 자동차가 스스로 주행하게 돼 운전자가 항상 차를 모니터링할 필요가 없다. 위험할 때만 운전자가 개입한다. 레벨 4는 대부분 도로에서 운전자 개입이 불필요하다. 레벨 5는 완전한 자율주행 단계에 해당된다. 페달도 운전대도 필요 없다.

테슬라 차량은 차로 유지 보조, 어댑티브크루즈컨트롤 기능이 담긴 오토파일럿이 기본으로 들어가게 되고, 이를 통해 고속도로에서 잠시 손을 놓아도 안전한 주행이 가능한 반자율주행 기능이 구현된다. 더 강화된 기능은 추가금을 내면 FSD로 소프트웨어를 업그레이드할 수 있다.

# 자율주행의 안전한 제어는 AI가 담당

운전자가 주행 도중 전방에 나타난 물체의 정체를 판단하는 일은 주변 환경을 인지하고, 주행 경로를 판단한 뒤, 안전한 기능 제어를 하는 것이다. 사람에게 이러한 과정은 직관적이고 습관적이다. 사람이 하는 역할을 AI가 대신하려면 사람이 경험을 통해 스스로 학습하듯 컴퓨터에 수많은 데이터를 반복적으로 접하게 한 다음, 정보를 스스로 인지하게 만드는 방법을 사용해야 한다. AI의 학습 방법 중 딥러닝 기술을 활용한다.

자율주행차가 스스로 주행하려면 반드시 인지·판단·제어 세 가지 기능이 필요하다. 인지 기능은 차체 내 센서 정보를 처리해 주변 환경 정보를 알아차리는 것, 판단 기능은 인지된 정보를 이용해 가장 안전하고 빠른 차량 궤적을 생성하는 것, 최종적으로 궤적을 정확하게 따라갈 수 있도록 운전대·액셀러레이터·브레이크를 제어하는 것이다. 한 종류의 센서만으로는 다양한 도로 상황에 대응하기 힘들기 때문에 다양한 센서의 조합이 필요하다. 서로를 보완하는 기술들도 중요하지만, 충분한 중첩을 통해 중복을 증가시켜 안전을 개선하는 것 역시 중요하다.

센서는 인간의 시각, 청각 등을 대체하는 기술로 지형지물과 거리를 인식하는 것은 카메라와 라이다 등이, 거리 측정에는 레이더와 초음파가 사용된다. 라이다는 전자기파 대신 레이저를 내보내 물체를 감지하고 반사된 빛을 분석해 3D 지도로 구현하는 부품이다. 사진 수준으로 정밀도가 높고 물체의 형태도 인식할 수 있지만 가격이 비싼 것이 단점이다. 그래서 테슬라는 카메라와 센서만을 이용할 뿐 라이다를 사용하지 않는다.

이러한 센서들과 이를 처리하는 시스템 온 칩과 소프트웨어가 하나의 모듈 형태로 만들어져 있는 것이 첨단 운전자 보조 시스템(ADAS)이다. 이것은 운전자를 보조하는 역할을 하므로 레벨 2까지를 의미하지만, 궁극적으로는 레벨 5의 완전 자율주행을 목표로 하고 있다.


## E2E와 모듈 방식의 하이브리드로 진화

자율주행 시스템은 전통적으로 인지(주변 상황 파악), 예측(다른 차량의 움직임 예상), 계획(주행 경로 결정), 제어(핸들과 페달 조작)라는 네 단계를 활용해 작동한다. 이를 구현하는 자율주행 기술 구현

방식에는 크게 두 가지가 있다. 정밀 지도와 라이다(3차원 스캔)·레이더·카메라 등 다양한 인지 센서를 활용한 '모듈식 접근 방식(Modular Approach, 룰베이스)과 카메라를 통해 사물을 확인하고, AI가 판단하는 '엔드 투 엔드식 접근 방식(End-to-End Approach, E2E)'이다.

모듈 방식의 대표 주자는 구글의 자율주행 자회사인 웨이모(Waymo)다. 웨이모는 2009년부터 자율주행 기술을 개발해 왔으며, 미국 피닉스, 샌프란시스코, 로스앤젤레스 등지에서 로봇 택시 서비스인 '웨이모 원'을 운영하고 있다. 자율주행 차량은 운전자의 개입 없이 지정된 지역 내 모든 지점을 주행할 수 있으며, 돌발 상황이나 사고 발생 시에는 전문 인력이 원격으로 차량을 제어하여 문제를 해결한다. 현재 안정적이고 안전한 로봇 택시 서비스를 제공하고 있으며, 주간 약 20만 회에 달하는 승차 서비스를 수행하는 것으로 알려져 있다. 일본 도쿄·영국 런던 등지에서도 상업 운행을 준비 중이다. E2E의 대표 주자는 테슬라로, 2025년 11월에 한국에서 운영 테스트 중인 완전자율주행(FSD) 또한 이 방식으로 구현되었다.

모듈 방식은 정밀 지도를 기반으로 라이다 등이 사물의 크기·거리 등을 정확하게 계산하기 때문에 주행 안정성이 높다는 평가다. 대신 센서 등 고가 장비로 인해 차량 가격이 상승하고, 정밀 지도 없이는 구현이 쉽지 않다는 게 단점이다. 모듈 방식은 기존의 프로그래밍 방식으로, 엔지니어가 사전에 정의한 규칙과 알고리즘을 기반으로 차량을 제어하는 방식이므로 안전성과 예측 가능성이 높다. 인지, 예측, 계획, 제어가 모듈화 개발하므로, 사고나 오류 발생 시 추적이 용이하여 규제 및 법적 승인 과정에서 유리하다는 것이 큰 장점이다. 따라서 대부분의 완성차 업체가 이 방식을 채택해 왔었다. 그렇지만 고정밀 HD-MAP을 구축하고, 그 안의 정적 환경 정보를 활용해 주행 안정성을 확보하려면 막대한 비용이 소요되며, 지도의 최신 데이터를 지속적으로 유지하는 데도 어려움이 있다. 또한, 고정밀 HD-MAP이 있는 지역에서만 운행이 가능하므로 제한적이다.

반면 E2E 방식을 채택한 테슬라는 사람의 눈 역할을 하는 카메라만 차량에 탑재하고 있어서 비용이 적게 들고, 전 세계 어디든 구현할 수 있다는 게 장점이다. 하지만 많은 양의 운행 데이터를 축적해야 최초 구현이 가능하고, 폭설이나 오염 등으로 자동차에 설치한 카메라 시야가 가려지면 오작동 위험이 있다. 따라서 중국 로보택시 업체들은 라이다를 추가로 채용하기도 한다. E2E는 지도 없이도 어디서나 운행이 가능하며, AI가 대규모 데이터(비디오, 센서 데이터)를 학습하여 직접 운전하는 방식이다. 따라서 성능은 수백만~수천만 킬로미터 주행 데이터, 고성능 GPU 인프라가 필요하다. 데이터의 양과 질에 절대적으로 좌우된다. 또한 사고가 발생했을 때 규명이 어려워서 법, 규제, 책임 문제에서 큰 장벽이 된다. 학습 데이터에 없거나 극히 예외 상황에서는 예기치 않은 행동을 할 가능성이 있다. 예측 불가능한 AI의 의사 결정이 발생할 수 있다는 단점이 있다는 것이다.

최근 두 방식의 단점을 보완하고 장점만 가져와 융합하는 방식을 시도하고 있다. 엔비디아가 'CES 2026'에서 공개한 AI 자율주행 시스템인 '알파마요'가 대표적이다. 알파마요는 E2E 기반이지만, 여기에 라이다 등 각종 센서 데이터를 입력받아 AI가 가속 등 차량 주행을 결정하는 방식이다. 100억 개 파라미터 규모를 사용하고, 드물고 복잡한 주행 상황, 이른바 '롱테일(long tail)' 문제를 해결하기 위해 설계된 추론 기반 '비전 언어 행동(vision language action, VLA)' 모델을 도입했다. 보고(Vision), 생각하고(Language), 행동한다(Action)는 뜻이다. 예를 들어 '신호등이 고장 나서 노란불이 깜빡거린다'라는 비정상적인 상황에 마주

했다면, 숙련된 운전자가 머릿속으로 하는 판단 과정처럼 '주변 상황을 살핀 후 천천히 지나가게 된다. 알파마요는 크게 오픈AI 모델, 시뮬레이션 프레임 워크, 대규모 데이터 세트로 구성된다. 엔비디아는 AI 학술대회 뉴립스(NeurIPS) 2025에서 12월에 추론 VLA 모델인 '알파마요-R1(DRIVE Alpamayo-R1)'을 오픈 소스로 공개했다.

구글은 오픈 소스 안드로이드를 무료로 공개해서 수많은 스마트폰 제조사들이 사용하면서 안드로이드 생태계가 커지면서 구글이 '스마트폰의 플랫폼'의 주도권을 잡았다. 엔비디아도 비슷한 전략으로 보인다. 알파마요를 공개해서 자동차 회사들이 쓰게 만들고, 결국 자율주행 분야의 '자율차의 플랫폼'이 되겠다는 것이다. 알파마요의 또 다른 특징은 자신의 판단 과정을 기록으로 남긴다는 점이다. 엔비디아는 이를 '추론 트레이스(reasoning trace)'라고 부른다. 자율주행차 사고가 났을 때, 가장 어려운 문제 중 하나가 '왜 그렇게 행동했는지' 알 수 없다는 점이었다. AI가 내부에서 어떤 계산을 했는지 사람이 이해하기 어려웠다. 알파마요의 판단 기록 기능은 이 문제 해결에 도움이 될 수 있다.

최근 업계의 공통된 방향은 E2E 기반에 모듈 방식을 합한 하이브리드 구조로 변화하고 있다. 핵심 주행 판단은 E2E AI에 맡기되, 안전·규제 대응이 필요한 영역에는 모듈식 검증 계층으로 처리하는 방식이다.

현대차는 전통적으로 안전과 양산 신뢰성에 강점이 있는 기업이다. 그래서 초기에는 모듈 기반 접근을 택했지만, 최근에는 명확히 E2E 중심 전략으로 무게 중심을 이동하고 있다. 즉, 현대차는 E2E AI를 빠르게 흡수하면서도, 검증·안전을 보완하는 모듈식으로 진행할 것으로 보인다.

## NPU 기반의 시스템반도체와
## 소프트웨어를 독자 개발

자율주행의 핵심은 AI 반도체이다. 자율주행 차량은 '달리는 데이터센터'로 불릴 만큼 막대한 연산 능력을 요구한다. 엔비디아, 퀄컴, 테슬라, 화웨이 등은 GPU·NPU 기반의 자율주행 전용 SoC 경쟁을 벌이고 있으며, 고성능·저전력·실시간 처리가 핵심 과제다. 특히 최근에는 온디바이스 AI가 강조되면서, 클라우드 의존을 줄이고 차량 내부에서 판단을 처리하는 구조가 강화되고 있다. 이는 안전성과 지연(latency) 문제를 동시에 해결하기 위한 방향이다.

차량 전방에 보행자나 장애물이 있다면 그것을 피해 갈 것인지, 그냥 갈 것인지 혹은 어떤 길이 안전한지, 위험한지 등을 판단하는 것이 매우 중요하다. 센서들로부터 취합된 수많은 정보는 ADAS에 있는 시스템반도체와 소프트웨어에서 해결한다. 이것이 자율주행차에서 핵심 역할을 한다. 이 칩에는 고성능 프로세서인 CPU와 GPU뿐만 아니라 AI 전용 코어인 NPU가 들어 있다.

딥러닝 모델을 기존의 CPU와 GPU만으로 구현하려면 전력이 너무 많이 소모되고, 비효율적이다. 이를 해결하기 위해 별도의 가속기가 필요한데, 인간의 뇌 신경망을 모방한 NPU가 사용된다. 이것은 AI의 알고리즘을 효율적으로 처리해 낸다. 대용량 정보를 동시다발적으로 동시에 연산할 수 있다. 사물에 대한 정보를 기억하고 인식하면서 한꺼번에 데이터를 쌓는 영역에서 최적의 성능을 발휘한다.

자율주행차의 시스템반도체와 소프트웨어를 개발하는 기업은 크게 테슬라, 엔비디아, 모빌아이, 퀄컴이 있다. 이 외에 중국 완성차 대상으로 사업을 하는 호라이즌 로보틱스가 있다.

이 중에서 퀄컴을 주의 깊게 볼 필요가 있다. 퀄컴은 전통적으로 통신, 모바일 칩 솔루션 기업으로 인식 되어왔지만, 자율주행용 반도체 기업으로 존재감을 높이고 있다. 테슬라는 자동차를 제조하는 기업이면서 자율주행 기술을 구현하는 반도체 소프트웨어를 모두 독자 개발한다. 사업 초기에는 모빌아이와 엔비디아에 의존했지만, 2019년부터 자체 개발하고 있다. 따라서 테슬라는 자율주행 시스템을 개발할 때 다른 상용차 기업과 협업하는 데 시간을 소비할 필요가 없는 것인 큰 장점이다. 테슬라는 자체 AI 반도체, 소프트웨어에서 완성차 개발까지 수직계열화를 갖추고 있는 유일한 회사인 셈이다.

현대차도 테슬라 같은 회사가 되기 위해서 열심히 노력 중이다. 전기차, 자율주행차 시대에서 세계 1등 자동차 회사가 되려면 더 많은 반도체 설계, 소프트웨어에 투자가 필요하다. 2020년 3월, 현대차는 차량용 전장 전문 기업인 앱티브(Aptive)와 공동으로 모셔널(Motional)이라는 조인트벤처를 설립해 자체적인 자율주행 소프트웨어 플랫폼을 개발하고 있고, 국내 스타트업인 포티투닷(42dot)도 운영하고 있어 앞으로 성과가 기대된다. 모셔널은 2026년 말에 자율주행 기술을 검증하는데 까다로운 조건을 갖춘 라스베이거스를 로보택시 첫 서비스 제공

도시로 선정했다. 미국 자동차공학회(SAE) 기준 레벨 4 수준의 무인 자율주행 서비스를 본격 상용화할 계획이다. 모빌아이는 BMW, 닛산과 엔비디아는 다임러벤츠, 볼보, 토요타, 폭스바겐과 주로 협력하고 있다.

완성차 기업 입장에서는 기술 내재화와 전문기업의 외부 AI 플랫폼을 채택하는 경우 두 가지 선택지가 있다. 사실상 자율주행 기술인 칩과 소프트웨어 솔루션을 처음부터 끝까지 개발하기엔 너무 기술 난도가 높고 투자 비용도 커서, 아예 신규 개발하기보다 엔비디아의 오픈 소스를 고려할 가능성도 있다.

현재 테슬라를 비롯해 여러 회사들은 차량 자체로 자율주행 기능을 갖추는 형태(stand-alone type)의 자율주행차를 개발하고 있다. 사실 테슬라와 우버 등의 사고 사례들에서 볼 수 있듯이, 아직까지는 실제 도로 주행 시 발생할 수 있는 수많은 돌발 변수에 대한 대처도 미흡하다. 이처럼 현존하는 차량 센서와 알고리즘으로 자율주행 환경을 인지하는 기술은 아직 완벽하지 않다. 자율주행 기술을 레벨 3 이상으로 올리는 것은 매우 어렵다. 그 이유는 사고 책임과 보상 문제를 자동차 제조사가 책임져야 하기 때문이다. 더욱 철저하게 기술 완성도를 높이는 수밖에 없다. 5G 이동통신 기술과 클라우드 컴퓨팅 기술을 이용해 신호등, 가드레일, 가로등, 버스 정류장 등의 도로 인프라와 차량을 연결하여 교통사고를 줄이는 방법이 활용될 수 있다.


## 테슬라는 애플을 꿈꾼다

애플은 아이폰의 중요 부품도 직접 설계하고 OS도 직접 개발한다. 앱스토어와 아이튠스 스토어 같은 콘텐츠 유통 채널도 가지고 있다. 스마트폰 생태계의 모든 연결 고리들을 지배하고 있어, 이제는 아이폰이 덜 팔려도 서비스에서 수익을 내는 안정적인 사업 체계를 만들어 놓았다.

테슬라가 추구하는 것이 애플과 흡사하다. 주요 부품, 소프트웨어와 고해상도 맵도 직접 개발한다. 또한 아직 공식화하진 않았지만, 자체 앱스토어에 대해서도 일론 머스크 CEO가 구상을 밝힌 것으로 알려졌다. 자율주행차는 다른 차량이나 교통·통신 인프라 시설들과 연결해 단순 운송 수단의 개념을 넘어 스마트폰처럼 여러 서비스가 가능해진다.

테슬라가 목표로 하는 것은 '자동차를 파는 회사'가 아니라,

자율주행차에 탑승한 승객을 상대로 새로운 서비스를 제공해 수익을 내는 회사로 만들겠다는 욕심이 있을 것이다. 테슬라는 애플을 꿈꾸고 있다. 최근에는 이에 더해 전기자동차 회사에서 AI 및 로봇 회사로 탈바꿈하려는 시도를 진행하고 있다.

# AI 덕에 인간을 닮아가는
# 휴머노이드 로봇

로봇(robot)의 어원은 체코슬로바키아의 1920년으로 거슬러 올라간다. 당시 소설가인 카렐 차페크(Karel Capek)의 〈로섬의 만능 로봇(Rosuum's Universal Robots)〉이라는 희곡에서 로봇이라는 말이 처음 사용됐다. 이 희곡에서 동물의 생물학적 장기(臟器)를 모아서 만들어진 로봇은 인간이 하기 힘든 노동을 대신했다. 그래서 로봇은 체코어로 '힘들고 어려운 일'을 뜻하는 'robota'라는 단어에서 유래했다.

로봇이라고 하면 필자가 어린 시절 즐겨 보았던 〈우주 소년 아톰〉이라는 만화영화가 떠오른다. 1970년대에 어린이들의 인기를 끌었던 〈로봇 태권 V〉와 〈마징가 Z〉도 있다. 최근 애니메이션을 보면 인간처럼 감정을 갖고 스스로 판단하고 감성적 표현을 할 줄 아는 등 거의 인간과 대등한 로봇이 그려지고 있다. 그런데 로봇이 스스로 상황을 종합적으로 분석하고 판단하려면 지능이 필요하다. 이 문제에 실마리를 제시한 것이 바로 AI다.

최근 들어 빠르게 실용화되고 있는 로봇 중 AI가 도입되지 않은 건 찾기 어려울 정도로, AI와 로봇의 만남이 본격화되고 있다. 2023년 1월 미국에서 열렸던 'CES 2023'에서도 AI와 로봇이 융합한 혁신적인 로봇 제품들이 많이 전시됐다.


## 다양한 분야에서 쓰이는 AI 로봇

AI 로봇은 다양한 응용 분야에서 활용되고 있다. AI 로봇은 로봇(몸)에 이를 제어하는 칩(뇌)의 역할을 추가한 것으로 볼 수 있다. 상황 판단 기능과 자율 동작 기능 같은 AI 기술이 추가됨으로써 기존 로봇과 구분된다. 특히 코로나19 팬데믹 이후 제조 기업들의 노동력 부족과 임금 상승으로 로봇의 활용성은 늘고 있다.

로봇 분야는 크게 전통적인 산업용 로봇과 새롭게 뜨고 있는 서비스용 로봇으로 나누어진다. 서비스 로봇 중에서는 물류 로봇이 활발하다. 지금까지는 바닥에 설치한 QR 코드나 선을 따라서 정해진 길을 가는 '무인 운반차'가 주류였지만, 자율주행 기술을 이용하여 스스로 움직이는 AI 로봇으로 발전하고 있다. AI 로봇은 라이다나 카메라 센서가 부착되어 있어서 앞에 있는 사람이나 장애물을 인식하고 회피할 수 있기 때문에, 사람과 같은 공간에서 활용할 수 있다는 장점이 있다.

아마존은 오래전부터 자율이동 로봇을 물류산업에 이용하고 있다. 아마존은 2014년부터 자사의 물류센터에 자율이동 로봇 '키바'를 도입해 물품관리를 하고 있다. 아마존은 키바 도입 후 2년 만에 운영 비용의 20%를 절감하는 효과를 얻었다. 요즘 식당에 가면 음식을 가져다주는 서빙 로봇들도 많이 보인다. 물류 로봇과 서빙 로봇, 또 로봇청소기로 불리는 청소 로봇도 기본적으로 자율주행 기술 기반 로봇이다.

자율주행 기술은 AI 로봇 시장에서 매우 중요한 역할을 할 것으로 보인다. 미국 시사주간지 〈타임〉은 2022년 최고 발명품에 자율주행 기술이 접목된 청소 서비스 로봇인 'LG 클로이

서브봇'을 선정했다. 로봇청소기는 카메라 센서는 물론 라이다가 달린 것도 있는데, 많은 핵심 기술이 집대성된 개인 서비스 로봇이다. 청소 효율을 높이는 방법의 핵심은 '자율주행' 기능이다. 자율주행 기능 강화가 로봇청소기 제조 기업들의 주요 관심사다. 로봇청소기가 집 안 구석구석을 스스로 돌아다녀야 청소 효율이 높아지기 때문이다. 이밖에 국내에선 다소 생소하지만, 미국 등 대규모 농업을 하는 국가에서 로봇은 이미 생활이 됐다. 밭을 오가며 카메라로 농작물을 살펴본 후 호미처럼 생긴 도구를 뻗어 잡초만을 골라 뽑아내는 로봇도 있다.

## 인간형 로봇 개발에 나선 테슬라

테슬라는 인간을 닮은 휴머노이드(humanoid) 로봇을 개발하고 있다. 현재 세계 기업가 중에서 가장 창의적이고 도전적인 인물은 단연 일론 머스크일 것이다. 그는 테슬라의 CEO면서 항공우주 기업인 스페이스X를 설립해 분야를 우주로 넓히고 있다. 그러한 머스크가 또 세계의 관심을 끄는 이벤트를 진행 중이다. 인간형 로봇, 바로 휴머노이드다.

테슬라는 2022년 9월 'AI 데이' 행사에서 개발 중인 휴머노이드 프로토타입 모델을 시연했다. 이 로봇 모델은 테슬라 봇(Tesla Bot) 또는 옵티머스(Optimus)라고 불린다. 이 로봇은 무게 73킬로그램, 시속 8킬로미터의 보행 속도, 홀로 두 발로 걸을 수 있는 이족 보행 로봇이다. 걸음걸이가 아직 부자연스럽고 다소 위태로워 보였지만, 넘어지지 않고 홀로 행사장 곳곳을 걸어 다니는 수준이었다. 물론 이날 로봇의 실제 모습이 공개되자 많은 사람이 실망스러워했다. 수준이 너무 떨어진다는 반응이었다.

이후 2023년 12월, 테슬라는 옵티머스 2세대 영상을 공개했다. 1세대 대비 확실한 진전이 있었다. 외관부터 다르다. 1세대는 금속이 겉으로 다 드러나 만들다 만 것 같았지만, 2세대는 관절을 제외한 거의 모든 부위가 외피로 덮여있었다. 어느 정도 완성된 로봇을 보는 듯했다. 옵티머스 2세대는 걸음걸이가 더 자연스러워졌다. 1세대가 걸음을 엉거주춤 흉내 내는 정도였다면, 2세대는 느리지만 확실히 걸어 다닌다.

또한 액추에이터의 성능 향상이 있었다. 액추에이터는 사람 신체의 관절 역할을 하는 부품이다. 그래서 옵티머스 2세대는 이전 대비 30% 빠른 속도로 걸을 수 있고, 쪼그려 앉았다가 다시 일어나는 스쿼트 동작도 쉽게 해낼 수 있다. 전체 무게도 10킬로그램가량 줄였다. 공개 영상 마지막 부분에는 옵티머스 2세대가 음악에 맞춰 리듬을 타는 모습도 담겼다.

테슬라는 로봇에 들어가는 핵심 반도체 칩과 소프트웨어를 자체 개발했다. 배터리 팩부터 액추에이터까지 모두 테슬라가 자체 제작하는 방식으로 개발되고 있으니 이미 기반 기술은 갖추고 있는 셈이다. 테슬라가 로봇 개발에 열중하는 이유는 테슬라 전기차의 생산성을 향상시키기 위함이다. 즉, 테슬라 봇을 기가팩토리에 투입해 인간 노동자를 대체해 생산 효율을 극대화하고자 하는 것이다. 따라서 로봇이 활동하기에 적합한 생산 공정을 구축하는 것도 고려하고 있다.

2024년 1분기 실적을 발표하면서 머스크는 "옵티머스는 가장 귀중한 자산이고, 테슬라는 AI·로봇 회사"라고 말했다. 이후 2026년에 휴머노이드 로봇 옵티머스의 외부 판매를 시작할 계획이라고 밝혔다. 가격은 약 2만 5,000달러(약 3,400만 원)로 예상된다.

# 휴머노이드,
## 협업과 공존이 필요한 시대

지금도 로봇이 두 발로 걷고 달리는 수준은 가능하다. 가벼운 물건 등을 들어 옮기는 등의 간단한 작업도 할 수 있다. AI의 도움을 받아 어느 정도는 주위 상황을 인지하고 판단하는 능력도 있다.

그런데 큰 숙제가 있다. 바로 '손'이다. 많은 로봇 전문가가 휴머노이드 로봇 실용화의 걸림돌로 손을 꼽는다. 사람의 손에는 20여 개의 뼈·관절이 있다. 그 사이사이로 근육과 힘줄이 정밀하게 연결돼 있는데, 손가락을 접고 펴거나 힘을 줄 때 뼈·근육·힘줄이 유기적으로 미세하게 움직인다. 물건을 잡고, 옮기는 기능은 여러 개의 관절로 구성된 기계 손가락 다섯 개를 유기적으로 제어해야 한다. 로봇공학계에는 손만 전문으로 연구하는 분야가 따로 있을 정도로 손가락을 제어하는 것은 고도의 기술이다.

손가락이 많으면 작업 영역도 넓어져서 좋지만, 개수를 늘릴 수만도 없다. 손가락 마디라는 초소형 공간에 모터·감속기·센서를 모두 넣으면서도 유연한 움직임을 확보해야 하는데, 크기·무게·비용도 늘어날 수밖에 없다. 'CES 2026'에서는 많은 휴머노이드 로봇 기술이 소개되었는데, 보스턴다이내믹스의 '아틀라스(Atlas)'는 이번 전시 모델에선 손가락 1개를 더 늘려 4개로 제작했다. 테슬라의 '옵티머스'를 비롯해, LG의 '클로이드', 유니트리의 'G1'과 'H2', 스웨덴 기업 헥사곤의 '이온' 등은 모두 손가락 5개를 채택하고 있다.

앞으로 휴머노이드 로봇 시장에서는 테슬라의 옵티머스와 현대차가 인수한 보스턴다이내믹스 휴머노이드 로봇 아틀라스간의 경쟁을 통해서 휴머노이드 로봇의 발전이 만들어질 것으로 기대된다. 테슬라는 옵티머스 생산을 대폭 늘려 가정과 서비스용으로 용도를 확대한다는 구상을 하고 있다. 전기차 공장은 물론 의료 수술과 육아 등 다양한 용도로 사용하겠다는 목표를 가지고 있어서 아틀라스와는 사업전략이 다르다. 일론 머스크는 모델 S와 X의 생산을 중단하고 미국 프리몬트 공장을 옵티머스 생산 공장으로 개편하겠다는 계획을 밝힐 정도이다. 2026년 말쯤 일반인에게 로봇을 판매하고 2031년에는 인류보다 다 똑똑해질 것으로 전망했다.

한편, 아틀라스는 'CES 2026'에서 글로벌 IT 전문매체 씨넷(CNET)이 선정한 '베스트 오브 CES 2026'에서 '최고 로봇상'을 수상했다. 현대차는 2028년까지 연간 3만 대의 휴머노이드 생산 체계를 갖추고 미국 조지아 공장에 우선 투입될 예정이다. 아틀라스는 360도 회전 관절과 배터리 자동 교체 기능을 갖춰 인간의 가동 범위를 넘어선 작업 효율을 낼 수 있다. 2030년까지 아틀라스의 적용 범위를 각종 부품 조립 공정으로 넓히고, 글로벌 생산 거점 전반으로 확대 적용을 추진한다.

결국 두 회사는 다른 길을 가는 모양새다. 테슬라는 중국의 로봇 추진 방향처럼 빠른 일반 소비자 및 공장용 로봇의 대량 생산을 통한 대중화에 방점을 두고 있으며, 현대차는 산업, 제조 현장 투입을 목표로 하고 있다.

AI와 로보틱스 기술의 발전에 따라 인간의 개입 없이도 의도된 목적에 따라 스스로 움직이는 AI 로봇이 출현할 가능성도 상상해 볼 수 있다. 우리가 즐겨보는 공상과학 영화에서 미래의 로봇이나 AI가 인류를 지배하거나 지구를 멸망시키는 내용이 많다. 이 때문에 로봇을 두려움의 대상으로 보는 경우도 있다. 영화에 등장하는 로봇은 대부분 휴머노이드로서 인간처럼 눈·코·입·귀가 있고, 머리와 팔다리를 가진 몸통 구조로 돼 있다. 인간을 닮아가려는 로봇 기술의 진전은 앞으로 계속될 것이고, AI 역시 중요한 역할을 할 것이다.

앞으로 출현할 휴머노이드 로봇과 인간은 어떻게 살아 나가야 할까? 인간이 잘하는 것과 기계가 잘하는 것이 서로 다른 점에 착안해 보자. 로봇은 반복적이고 위험한 일을 대신 해주고, 인간은 더 창의적이고 고부가가치 업무에 집중할 수 있다면 공존할 수 있다. 인간이 로봇과 함께 일하거나 로봇을 관리, 운용할 수 있는 기술 재교육도 필요할 것이다. 인간과 AI 로봇은 경계와 대결이 아닌 소통과 협업을 통해 공존이 가능하다.

# AI 기반 제조 혁신,
# 스마트팩토리

CES 2024는 '모든 기술의 핵심은 생성형 AI'라는 새로운 시작을 알렸다. 2022년 11월 오픈AI의 챗GPT 공개 후, AI는 제조업에 큰 변화를 일으키고 있다.

그동안 팬데믹으로 인해 전 세계가 엄청난 충격을 받았다. 코로나19를 거치며 공장 폐쇄, 공급망 차단 등을 겪었던 제조업은 이후 많은 제조 혁신이 빠르게 도입되고 있다. AI, 사물인터넷, 빅데이터, 클라우드 컴퓨팅 등 핵심 디지털 기술을 활용한 제조 혁신이 더욱 가속화되고 있다.

AI와 빅데이터가 적용된 스마트팩토리가 제조업 전반으로 확대되고 있다. 인건비 부담 증가와 노동인구 감소를 앞두고 선제적으로 자동화에 나서는 기업들 역시 늘고 있다. 공장 내 장비, 라인 등에 AI 기반 기술을 접목하고 현장에서 발생하는 데이터를 실시간 수집해 효율적이고 일률적인 제품 생산에 나서는 것이다.

생성형 AI가 화두가 된 가운데, 향후 6~8년 안에 설계 업무도 AI가 담당할 것으로 예상된다. 그동안 설계는 유능한 전문가인 사람의 영역이었다. 그러나 AI는 인간처럼 선입견에 사로잡히지 않고, 혁신적인 설계안을 만들 수 있을 거라 기대하고 있다. 흔히 인간 설계자는 개인의 지식이나 경험에 근거한 선입견을 통해 설계안을 만들 가능성이 있으니, 오히려 AI가 창의성을 발휘한다는 이야기이다. 물론 상상이지만 AI의 발전 속도로 볼 때 충분히 가능한 일이다.


## 스마트팩토리는
## 공장 자동화가 아니고 지능화

제조 혁신은 스마트팩토리 기술을 활용하는데, 이는 과거부터 존재한 공장 자동화와는 근본적으로 다르다. 자동화는 사람의 팔과 다리를 로봇으로 대체하는 것이다. 반면 스마트팩토리는 지능화이다. 기획·설계·생산·유통·판매 등 전 생산 과정을 ICT로 통합해 고객 맞춤형 제품을 생산하는 진화된 공장을 의미한다.

전 생산 과정에서 IoT, AI, 빅데이터 등 다양한 기술을 통합해 전체 공정을 유기적으로 최적화할 수 있다. 공정에서 생산에 관여하는 모든 사물이 연결돼 생산 데이터를 만들어 내고, 데이터를 분석한 뒤, 다시 공정에 적용해 생산 효율을 극대화한다. 사람에 비유하면 팔과 다리 뿐만 아니라, 두뇌가 결합해 움직이는 셈이다. 즉, 스마트팩토리는 생산 과정에 정보 통신 기술을 적용한 지능형 생산 공장이다.

스마트팩토리는 크게 보면 많은 IoT 응용 중 하나다. 공장이라는 사물(thing)을 똑똑하게 만드는 것으로, 따라서 초지능·초연결의 제어 시스템이라고 할 수 있다. 생산과 관련된 환경 정보를 감지하고, 감지된 정보를 분석하고 판단하며, 생산 현장에서 실시간으로 데이터 기반 의사 결정을 한다. 스마트팩토리 구성은 센서가 탑재된 다양한 디바이스와 정밀 기기, 네트워크 망(5G 등), 대량의 데이터를 처리하는 클라우드 환경(AI, 빅데이터)을 모두 포함한다.

5G 이동통신 기술도 매우 중요할 것으로 보인다. 특히 대기업의 요청에 맞춰 공정 라인을 자주 변경해야 하는 중소기업은 5G를 적용하면 설치 비용을 줄이면서 편리한 작업 환경을 구축할 수 있게 된다. 1밀리초(ms) 정도의 지연 시간 구현이 가능한 5G를 적용하면 실시간 제어 응용이 가능해지게 된다. 와이파이에 비해 초저지연 구현이 가능한 5G는 앞으로 스마트팩토리에서 큰 변화를 가져올 것으로 보인다.

## 세계 제조업의 혁신을 이끄는 등대공장

공장에 AI 기술과 산업용 로봇이 확산되고 있다. 공정 사이 미세한 오차를 줄일 수 있고, 사람이 하기엔 위험하거나 단순 반복 작업을 로봇이 대신할 수 있어서다. 스마트팩토리에서는 자율주행이동 로봇이 노동자의 단순 반복 작업이나 자재를 나르는 일 등을 대신한다. 특히 생성형 AI 기능이 접목되면서 진동, 소음 등 이상 신호를 감지해 원인과 조처 방법을 제시한다. 안전모를 쓰지 않았거나 작업 조끼를 제대로 입지 않은 작업자를 구별해 경고하기도 한다.

공장에서 가장 많이 활용할 수 있는 AI 응용 분야는 기계 설비 관리와 품질 관리다. 기계와 장비가 고장날 가능성이 큰 시기를 예측해 사전 예방 정비의 최적 시기를 알려주는 것이다. 다양한 설비 데이터를 수집한 후, 단순한 통계 분석보다 AI 분석을 적용함으로써 정비의 신뢰성을 개선할 수 있다.

삼성전자는 갤럭시 스마트폰 제조 중 외관 검사에 AI를 활용하고 있다. 실제 검사는 불량을 양품으로 판정하면 절대 안 된다. 이러한 우려를 제거하려면 양품 조건을 까다롭게 설정하면 되는데, 그러다 보면 양품을 불량품으로 판정하는 일이 발생한다. 다양한 모델을 사람이 일일이 정확하게 판정하여 검사하는 것은 매우 힘든 일이라, AI 분석이 더욱 큰 활용 효과를 보고 있다.

정부는 스마트팩토리의 수준을 기초, 중간 1단계, 중간 2단계, 고도화 등 4등급으로 나누고 있다. 기초 단계의 스마트팩토리는 생산 정보 디지털화 및 제품 생산 이력 관리 등이 가능한데, AI 기술이 활용되지는 않는다. 생산 정보 실시간 수집과 분석이 가능한 중간 1단계, 시스템을 통한 생산 공정 제어가 가능한 중간 2단계, 제조 전 과정 통합과 맞춤형 제품 생산이 가능한 고도화 단계는 AI 기술이 필수적이다.

세계경제포럼(WEF)은 2018년부터 세계 제조 기업의 미래를 선도할 '등대공장(lighthouse factory)'을 선정하고 있다. 등대공장은 어두운 밤하늘 아래 등대가 불을 밝혀 배를 안내하는 것처럼 AI, IoT, 빅데이터 등 4차 산업혁명의 핵심 기술을 도입해 세계 제조업의 혁신을 이끄는 공장을 의미한다. 국내 기업은 2019년 포스코가 국내 최초로 선정됐으며, LS일렉트로닉(2021년), LG전자 창원공장(2022년), 아모레퍼시픽과 한국수자원공사(2024년) 등 모두 다섯 곳이 등대공장으로 선정되었다. 중국은 전 세계 40%로 가장 많은 등대공장을 보유하고 있다.

LG전자는 제조시설에서 공장 기획부터 설계, 구축, 운영에 이르는 전 단계를 구축해주는 스마트솔루션 사업을 시작했다. 그동안 LG 그룹사에 적용하던 스마트팩토리 노하우를 B2B(기업 간 거래) 사업화해서 외부 공개를 하는 것이다. 현재 주요 고객사는 이차전지와 자동차 제조업체, 물류업체 등이다. 향후 반도체, 제약, 바이오, 식음료(F&B) 기업으로 고객을 확대할 계획이다. 매우 좋은 사업 방향이다. 많은 국내 제조기업들이 등대공장으로 선정될 수 있도록 지원해 주길 바란다.

# 제조 혁신의 리더,
# 시스템 소프트웨어 인력을 육성해야 한다

스마트팩토리를 추진할 때 유념해야 할 사항이 두 가지 있다. 먼저 AI 솔루션을 확보해야 하고, 다음으로는 이를 실제 제조 현장에 적용할 현장 전문가가 있어야 한다.

현장 전문가는 제조 장비 하드웨어를 잘 이해하고 있어야 하며, 제조 혁신의 핵심 역할을 해야 한다. 우선 자사의 현실과 수준을 파악하는 것부터 해야 한다. 어느 부분을 개선할 것인지, 어느 부분에 어떤 ICT 솔루션을 도입할 것인지 찾아내는 것이다. 그다음 외부 솔루션을 도입해야 한다. 외부 솔루션이 아무리 우수해도 결국 현장 노하우를 갖춘 현장 전문가의 전문성이 부족하면 스마트팩토리는 실패한다.

현장 전문가는 자사의 생산과 제조를 잘 이해하고 있는 소프트웨어 인력이어야 한다. 제조업 분야에 필요한 소프트웨어는 크게 두 부류로 나누어 볼 수 있다. PC나 서버 컴퓨터와 같은 범용 컴퓨터를 기반으로 수행되는 응용 소프트웨어, 그리고 로봇이나 자율주행차 제어를 위한 특정 목적의 소형 컴퓨터 칩을 기반으로 수행되는 시스템 소프트웨어다.

범용 컴퓨터는 공통적인 환경으로 구성되어 있기 때문에, 이를 기반으로 소프트웨어를 개발할 때는 하드웨어에 대한 지식이나 특정 분야에 대한 전문 지식을 덜 필요로 하게 된다. 반면 특정 목적의 소형 컴퓨터 칩을 기반으로 소프트웨어를 개발할 때는 세부 하드웨어에 대한 지식은 물론, 특정 목적과 관련된 분야의 '전문 지식(domain knowledge)'이 필요하다. 예를 들면, TV와 관련된 소프트웨어를 개발하려면 TV 하드웨어에 대한 이해와 함께 영상 처리와 관련된 전문 지식을 이해하고 있어야 한다. 그래야만 소비자가 원하는 좋은 화질의 화면을 제대로 보여 줄 수 있을 것이다.

실제로 필자가 기업에서 스마트폰 개발 리더로서 일할 때, 대학에서 순수 범용 컴퓨터 기반 소프트웨어 인력으로 양성된 연구원에게 스마트폰 하드웨어와 전문 지식을 이해시켜 관련 업무를 제대로 수행하도록 하는데 많은 애로를 겪었다. 기업 입장에서는 직원에게 별도의 교육을 다시 시켜야 하는 것이다. 연구원이나 기업 입장에서는 쓸데없는 시간 낭비를 하는 셈이다.

국내 대학이나 정부에서는 하드웨어 기반의 소형 컴퓨터 칩을 기반으로 소프트웨어를 개발하는 인력을 양성하기 위해서 노력해야 한다. 바로 하드웨어 기반의, 자사의 생산과 제조를 잘 이해하고 있는 '시스템 소프트웨어 인력 양성'이다.

독일의 '인더스트리 4.0', 미국의 '첨단 제조 파트너십 2.0', 일본의 '소사이어티 5.0', 중국의 '중국 제조 2025' 정책 등 제조 강국들이 제조업 혁신에 속도를 내고 있다. 국내 제조 기업들은 외국 기업과의 경쟁에서 앞서기 위해서는 AI 기반의 제조 혁신에 총력을 기울여야 한다.

# AI 반도체로
# 더 강력해진 드론

'꿀벌이 윙윙거리다'라는 뜻에서 유래한 드론의 정식 명칭은 UAV(Unmanned Aerial Vehicle, 무인항공기)로, 사람이 타지 않고 자동·반자동으로 임무 수행이 가능한 비행체를 뜻한다.

드론 덕분에 개인이 간편하게 공중 촬영을 즐길 수 있는 시대가 열렸다. 과거 헬기로만 촬영할 수 있었던 험한 장소에서도 드론만 있으면 멋진 영상을 얻을 수 있다. 무인 택배 서비스, 재해 현장 복구 등 다양한 분야에서 활용된다.

또한, 러시아-우크라이나 전쟁에서 군사력 균형을 뒤엎을 정도로 드론은 중요한 역할을 하고 있다. 그야말로 '드론 전쟁'이라고 할 만큼 광범위하게 사용된다. 폭탄을 장착한 드론은 좌표가 정해지면 AI 자율비행으로 좌표까지 날아가 목표를 정확히 타격한다.

드론에 장착된 AI 역할은 계속 커지고 있다. 여기에 AI 기술은 자율성과 실시간 데이터 처리 능력을 중심으로 발전 중이다. 덕분에 드론은 AI를 만나 점차 더 넓은 산업 영역으로 역할이 확대되고 있다. 스스로 탐색하고 추적하는 기능을 강화하면서 군사작전은 물론, 공공 안전, 산업 검사 현장에서 활용성이 주목된다.


## 드론의 군사 이용 목적, 열기구로 시작

오스트리아 군대는 1849년에 처음 조종사 없이 적진으로 나아가 폭탄을 떨어뜨리는 방식으로, 200개의 열기구에 14킬로그램 폭탄을 달아 이탈리아 베니스에 투하했다. 이를 무인 공격의 시초로 본다.

지금의 드론과 유사한 장치로는 제1차 세계대전 중에 처음으로 사용됐다. 1935년 영국 무선조종 비행체가 공중 사격용 과

녁으로 사용됐는데, '퀸비(queen bee, 여왕벌)'로 불렸다. 이후 미국은 퀸비와 대비된 이름으로 '드론(drone, 수벌)'이라는 프로젝트명으로 연구를 시작, 이후 무인기를 지칭하는 단어로 굳어졌다.

제2차 세계대전 당시 드론은 상당히 발전한다. 1940년대 라디오 조종식 '라디오 플레인 OQ-2(Radioplane OQ-2)'가 개발됐는데, 이는 드론 역사의 중요한 성과로 기억된다. 당시 약 1만 5,000대의 드론이 생산됐다.

2001년 9·11 테러 이후 미 국방부는 오사마 빈 라덴 등 주요 테러 용의자를 대상으로 한 '살상 프로그램'을 추진했다. 당시 드론은 정찰뿐만 아니라 직접 미사일을 장착해 적군을 타격하는 목적으로 운용됐다. 이런 군사용 드론은 멀리 떨어진 곳에서 원격으로 테러 용의자를 오랫동안 관찰하고 또 공격할 수 있다. 군사용이 아닌 민간 대상의 레저·상업용 드론의 시초는 프랑스 패럿(Parrot)이 'CES 2010'에서 공개한 쿼드콥터(회전날개(로터)가 4개인 멀티콥터) AR 드론이다.

현재 세계 최대 드론 기업은 중국의 DJI로, 2006년 중국 선전에서 창업해 현재 전 세계 민간 드론 시장의 70% 이상을 차지하고 있다. 최근에는 미국 스타트업 스카이디오가 떠오르는데, 산업용 드론을 주로 만들며, 정보 수집과 정찰 목적의 드론을 우크라이나에 공급하기도 했다.

한국은 대한항공과 한화가 대표적이다. 대한항공은 레이더 탐지를 어렵게 하는 스텔스 무인기를, 한화는 공격형 드론을 미리 감지하고 대응하는 안티 드론을 개발 중이다. 스타트업으로는 니어스랩이 있다. 뛰어난 자율비행 드론 기술로 산업용에서 성과를 냈고, 방산 분야로 영역을 넓히고 있다.


## 드론의 핵심 기술, AI 영상 처리

드론은 비행 물체로, 비행체·프로펠러 및 모터·배터리 등 동력 계통과 전자 제어장치, 항법 시스템, 통신 시스템 등 제어 계통으로 구성돼 있다. 드론 제어 기술은 정밀 측위 기술, 항법 기술, AI 영상 처리 기술, 자세제어 기술 등이 있다.

정밀 측위 기술은 GPS를 이용해 정확한 위치를 측정하는 기술로, 가속도·각속도·지자계·기압계 등 다양한 센서를 포함한다. 항법 기술은 영상·GPS·관성항법 등을 이용해 출발 지점에서 목표 지점으로 자동으로 이동하는 기술이다.

AI 영상 처리 기술은 자율주행에서 가장 핵심으로 떠오르는 분야다. 카메라와 라이다로 얻은 정보를 분석해 실시간으로 장애물을 감지하고, 회피 경로를 계산한다. 이를 통해 건물, 나무 등과 충돌을 막을 수 있다. 특히 자율비행에서는 슬램(SLAM, Si-multaneous Localization and Mapping)이라는 기술이 활용된다.

비행 드론은 무엇보다 자신의 자세를 인지하고, 제어할 수 있어야 한다. 자율주행차는 땅 위에서 전후좌우만 신경 쓰면 되지만, 공중에 떠 있는 드론은 상하도 함께 고려해야 한다.

과거 드론의 위치를 파악하는 데는 GPS를 활용했다. 그러나 단일 GPS를 사용하면 오차가 미터 단위로 커져 복잡한 건물 사이에서 큰 위험을 초래할 수 있다. 또 실내에서는 GPS 위치 데이터를 원활하게 수신할 수 없다.

GPS가 없는 곳에서는 센서 정보를 기반으로 주변을 탐색하고, 정밀 지도를 만들어 자신의 위치를 알아내는데, 이 기술은 드론뿐만 아니고 자동차·배·로봇에도 적용할 수 있다.


## 자율비행 드론에 필요한 AI 반도체

드론의 핵심 기술을 구현하기 위해 다양한 AI 반도체가 활용된다. 드론의 자율비행, 데이터 처리, 실시간 의사 결정을 수행할 때 높은 연산 성능과 저전력을 요구하기 때문이다. 특히 비행 중 실시간 데이터를 처리하기 위해 기기 자체에서 데이터를 처리하는 온디바이스 AI가 중요하다.

온디바이스 AI는 외부 클라우드를 거치지 않고, 내부 AI 칩을 통해 데이터를 즉각적으로 분석하고 수행한다. 무선 환경 없이 빠르게 정보에 응답하고, 인터넷 연결이 불가능한 상황에도 대응한다. 또 온디바이스 AI는 정보 보호, 저전력 등에서도 장점이 있다. 자율비행용 센서와 비행 제어장치에 대한 인터페이스, AI 처리 기능을 위한 AI 코어를 가진다.

이런 칩을 공급하는 기업으로는 엔비디아·인텔 등이 있고, 모바일 애플리케이션 프로세서(AP)의 강자 퀄컴도 드론용 플랫폼을 내놓고 있다. 한국 기업으로는 2019년 설립된 AI 반도체 스타트업 모빌린트가 있다. 현재 모빌린트가 개발하는 소·중형 드론용 NPU는 10~20 TOPS를 구현한다. 중·대형 멀티콥터용으로는 50~100 TOPS의 높은 성능과 정확도를 가진 고성능 칩을 개발 중이다. 내년 실증·양산을 목표하고 있다.

드론의 무게와 전력 소모는 비행에서 가장 중요하다. 온디바이스 AI 기술 발전으로, 제한된 무게와 배터리 용량으로도 더 똑똑한 AI를 탑재할 수 있게 됐다.

국내 팹리스도 온디바이스 AI에 도전해 볼만 하다. 고성능·저전력에 가격 경쟁력까지 있는 시스템반도체를 통해 드론 개발·생산 비용을 낮추고, 이를 통해 국산 드론의 글로벌 경쟁력을 높일 수 있다. 드론 분야에서 성공한다면 다른 산업과 글로벌 시장에서도 전체 AI 반도체의 경쟁력 향상을 불러일으킬 수 있을 것이다.

# 로봇 청소기와
# 온디바이스 AI 경쟁

고령화와 1인 가구 증가, AI 기술 발달로 가전 업계가 변하고 있다. 전통적인 생활 가전인 TV, 냉장고, 세탁기보다 식기세척기, 건조기, 로봇 청소기가 새로 뜬다. 가사 노동 가운데 가장 귀찮은 빨래, 설거지, 청소를 돕는 기계가 주목받는 것이다. 이 중에서도 청소는 더욱 힘든데, 이를 획기적으로 해결한 것이 로봇 청소기다. 그리고 최근 AI와 로봇 기술의 만남으로 더욱 발전하고 있다.

초창기 로봇 청소기는 충돌, 추락 등 센서를 사용해 로봇이 자신의 위치와 안정성을 확인했다. 센서 기반 내비게이션에만 의존해, 사물에 부딪혀야만 장애물을 인식했다. 이후 카메라를 이용해 사물 인식 기능을 보강했으나, 여전히 장애물 회피 기능은 부족했다.

곧 자동차에 사용하는 AI 기반 자율주행 기술이 채택되면서 로봇 청소기의 수준이 급격히 높아졌다. 라이다 센서로 집 안 구조를 지도로 만들고, 초음파 센서로 바닥 상태를 분석해 최적의 청소법을 찾는다. 바닥 재질에 따른 맞춤 청소도 가능하다. 마룻바닥에 물걸레질하다가도 카펫이 나타나면 걸레를 들어 올려 카펫 오염을 방지하는 식이다. 사물 인식도 AI를 활용하면서 진화했다. 3D 센서와 사물 인식 카메라를 적용, 높이가 있는 장애물은 물론 반려동물 배변 패드 등 다양한 사물을 피한다.

로봇 청소기는 흡입력이나 청소 모드, 먼지통 등 청소에 직접적인 영향을 미치는 기능도 중요하나, 집 안을 잘 청소하려면 환경을 탐색하는 기술이 꼭 필요하다. 내비게이션 기능이 잘 작용해야 로봇 청소기가 다양한 장애물을 통과하고, 바닥을 구별해 구역 전체를 빠짐없이 청소할 수 있다는 것이다. 청소가 이미 실행된 부분을 반복하지 않는 것도 중요하다.

# AI와 만나 더 똑똑해진 로봇 청소기

사람이 운전하고 길을 찾을 때 내비게이션이 필요한 것처럼, 로봇 청소기도 움직이려면 비록 좁은 집 안 환경일지라도 지도가 있어야 한다. 자동차는 사전에 만들어진 지도를 메모리 카드에 저장해 둔 상태에서 현재 위치를 GPS의 도움으로 알 수 있지만, 로봇 청소기는 그렇지 않다.

이를 해결하는 기술이 슬램이다. 슬램은 로봇 청소기에 장착된 카메라와 라이다 센서를 통해 자신의 위치를 파악하는 위치 추정(localization)과 주변 환경에 대한 지도를 만드는 지도 작성(mapping), 이 두 기능을 실행한다. AI 기술은 슬램과 함께 사용돼 주행 환경의 사물, 가구, 가전제품 등을 인식해 보다 정확한 위치 인식과 로봇이 공간을 추론하는 데 도움을 준다. 따라서 슬램과 AI 기술은 로봇이 지도나 위치 정보 없이도 스스로 알아서 움직이는 데 중요하다.

슬램은 크게 카메라를 사용하는 방식인 비주얼 슬램, 레이저로 주변을 측정하는 라이다를 사용하는 방식인 라이다 슬램으로 구분한다. 비주얼 슬램은 카메라로 주변을 촬영하고, 촬영된 사진의 연관성을 분석해 위치를 인식하고 지도를 작성한다. 로봇 청소기는 움직이면서 카메라로 천장과 주변의 특징을 계속 촬영하고, 이때 촬영된 사진의 분석을 동시 진행한다. 또 이동으로 변화한 지점을 비교하기 위해 비교점이 되는 영역에 특징점을 찍어 위치, 거리의 변화를 측정한다. 로봇 청소기가 만든 슬램 지도의 첫 단계는 이러한 특징점이 모인 결과로 구성된다. 여러 특징점의 정보를 수식으로 계산해 자기 위치를 알아내고, 특징점으로 계산한 위치 정보에 기반해 집 안의 지도를 그린다.

라이다 슬램은 레이저 빛을 쏘고 장애물에 빛이 반사돼 돌아온 시간 혹은 삼각측량 방식으로 거리를 계산해 주변 환경을 인식한다. 360도로 레이저를 발사해 벽이나 장애물의 굴곡을 탐지, 거리를 측정한다. 별도의 데이터 처리 과정 없이 거리를 측정할 수 있다는 게 장점이다.

초기 로봇 청소기는 카메라로 촬영한 특징점 기반 비주얼 슬램을 활용했다. 이후 중국 업체를 필두로 거리 측정 정확도가 높아 더 정교한 지도와 주행 경로를 제공하는 라이다 센서 기반 슬램이 대중적으로 자리를 잡았다. 삼성전자와 LG전자도 라이다 기반 슬램을 적용해 소비자에게 호평을 받고 있다.

슬램은 위치 인식 외에도 AI 기술을 적용해 벽이나 가구 등 구조적 사물을 파악해 집 안 구석구석을 인식하는 기능, 방과 거실 등 공간을 자동으로 나누고 인식하는 기능, 바퀴가 잘 걸리는 장소 또는 오염이 심한 곳을 자동 파악하는 기능 등 청소뿐만 아니라, 다양한 기능이 있다.

2024년, 삼성전자와 LG전자가 반격에 나섰다. 삼성전자가 선보인 '비스포크 AI 스팀'은 2024년 4월 출시해 25일 만에 누적 1만 대 판매를 돌파했다. LG전자는 '로보킹 AI 올인원'을 소비자에게 선보였다. 중국산 가전제품은 개인 정보 유출 문제에 자유로울 수 없어 국내 기업에 기회가 되고 있다. 보안이 취약한 로봇 청소기는 순식간에 불법 촬영 기기로 돌변할 수 있다. 카메라가 설치된 로봇 청소기는 침실과 화장실 등 집안 곳곳을 누비기 때문에 그만큼 사생활이 유출될 염려가 크다.

국내 기업은 중국의 약점으로 꼽히는 보안 솔루션을 차별화 포인트로 내세워 승부를 본다는 전략이다. 삼성전자와 LG전자의 경우 IoT 보안 솔루션과 애프터서비스를 강화한다는 계획이다. 삼성전자는 가전에서 다양한 AI 기능을 안심하고 사용할 수 있게 독자 보안 솔루션인 '녹스(Knox)'를 적용해 개인 정보를 포함, 모든 데이터를 관리한다. LG전자는 AI 기능을 담은 제품을 중심으로 자체 보안 시스템인 'LG 쉴드'를 확대 적용하고 있다.

중국에는 200개가 넘는 로봇 청소기 기업이 서로 경쟁하며 양적으로, 또 질적으로 성장 중이다. 로보락은 'CES 2025'에서 세계 최초로 5축 접이 기계식 로봇 팔을 장착한 신제품을 선보였다. 청소기에 장착된 로봇 팔이 작은 물건이나 장애물을 직접 들어 올려 치운 뒤 나머지 공간을 청소한다. 아이디어가 참신하다. 중국 기업에 대한 무서움이 느껴진다.

앞으로 중국 기업과 경쟁에서 이기려면 어떤 전략이 필요할까? LG전자가 추진하는 '온디바이스 AI 칩' 자체 개발을 통한 차별화 방법이 좋아 보인다. 자사 제품만을 위한 맞춤형 온디바이스 AI 칩을 개발해야 하며, 경쟁 기업이 따라오지 못할 기능을 칩에 담아야 한다. 삼성전자도 세트(완제품) 사업 부문에 별도 칩 개발 조직을 두고 자체적인 칩을 확보해야 한다.

# 지능형 CCTV,
# 영상 보안을 바꾸다

AI 기술이 세상을 바꾸고 있다. AI가 산업에 일으키는 변화가 여기저기서 많이 감지된다. 그중 가장 활발한 분야는 영상 감시 분야다. 길을 걷거나 작업할 때, 운전을 하고 쇼핑할 때도 우리를 지켜보는 존재가 있다. 바로 CCTV이다. CCTV(Closed-circuit Television)는 '폐쇄된 회로를 이용하는 텔레비전'을 의미한다. 즉, 특정 목적을 위하여 특정인들에게 제공되는 TV라는 뜻이다. 보안용 감시 카메라라 생각하면 된다.

CCTV는 사람을 대신해서 침입, 범죄, 화재, 사고 등을 감시하는 '눈' 역할을 한다. 개인정보보호위원회의 '공공기관 CCTV

설치 운영 현황'에 따르면 2020년 133만 6,654대, 2021년 145만 8,456대, 2022년 160만 7,388대의 CCTV가 전국에서 운영되고 있다. 설치 증가 속도가 빠르다.

이전의 CCTV가 눈 역할을 했다면, AI 기술이 접목된 지능형 CCTV는 눈과 뇌의 역할을 해내는 셈이다. 예를 들어 일반 CCTV의 경우, 관제직원이 자리에 앉아 일일이 눈으로 화면을 지켜보면서 이상징후를 포착해야 한다. 일반 CCTV는 길거리에서 사람이 쓰러지면 화면만 보여주기 때문이다. 반면, 지능형 CCTV는 이를 응급 상황이라 판단해 실시간으로 관제직원에게 경고 메시지를 전달하고, 그 장소를 사각형으로 표시해 준다. 이런 식으로 지능형 CCTV는 관제직원이 여러 대의 CCTV 화면을 보며 감시하는 것보다 더 빠르게 조치를 취할 수 있고, 이를 통해 골든타임도 확보할 수 있다.

CCTV에 지능을 주기 위해서는 '비전 AI(Vision AI)'라고 불리는 지능형 영상 분석 기술이 사용된다. 비전 AI는 알고리즘으로 영상을 인식하고 분석한 뒤 처리한다. 비디오 영상 속 사람, 차량, 사물 등의 객체를 AI가 검출 및 인식하고, 이상 상황 여부를 학습된 알고리즘으로 판단한다.

비전 AI는 자율주행차에도 활용된다. 주변 사물, 사람, 신호

등을 빠르고 정확하게 인식해 차량 속도와 방향 등을 조작할 수 있다. AI가 동영상을 보고 영상 속 이미지뿐 아니라 소리, 텍스트 등을 한꺼번에 분석하는 것이다. 가장 많이 사용되고 있는 AI 객체 인식 알고리즘 모델은 YOLO 계열이다. YOLO 는 'You Only Look Once'의 약자로, 딱 한 번 보는 것만으로 사물의 종류와 위치를 알아낸다는 의미를 담고 있다.

## 활용 분야와 응용이 확대되고 있다

CCTV에 AI가 적용되면서 영상 보안의 효율성과 정확성, 안전 수준이 높아지고 있다. 실시간으로 영상을 분석해 범죄와 사고 예방이 효율적이어서 군사 경계선, 항공 등 주요 시설은 물론이고, 최근에는 기업 사업장의 경비 및 산업 안전 관리에 지능형 CCTV를 도입하는 곳이 늘고 있는 추세다. 이 외에도 CCTV가 고객 행동을 분석하여 데이터화 하고, 자동차의 속도를 감지해 속도위반과 불법 주정차를 찾아내기도 한다.

지능형 CCTV 활용 분야를 좀 더 자세히 살펴보자. 첫째, 군사 경계, 공항 등 주요 시설의 보안 기능이다. 군사 경계선에서 군사용 특수 카메라와 연계해 국가 안보를 강화하는 기능을 하고 있다. 항공, 항만 등에도 탑재돼 경계 태세를 강화하는데 활용되기도 한다. 최근에는 울타리나 담벼락에 탑재되는 감지센서와 연동하는 방향으로 기술이 발전하고 있으며, 영상을 녹화하는 CCTV와 이상 여부를 탐지하는 센서를 결합하여 활용한다.

둘째, 사회 안전과 사회적 약자 보호 기능이다. 수상한 상황이 발생한 경우 이를 판단해 관리자에게 알려주거나, 비명등 수상한 소리가 발생하면 해당 영상을 관제 직원에게 알람과 동시에 보여줘 범죄 행위를 예방하는 용도로 사용되고 있다. 또한 사각지대에서 발생할 수 있는 범죄를 예방하는 데에도 활용된다. 교내 폭행이나 외부인 침입 등 학교에서 벌어지는 위험 상황에 신속하게 대응하는 것, 지하철 교통약자 안전과 부정 승차 예방 등에도 적용 가능하다.

셋째, 산업 재해와 화재의 예방 기능이다. 불꽃이나 연기가 감지되거나 작업자가 위험에 처할 경우 관리자에게 알려주는 역할을 한다. 산업 현장에서 안전모를 착용하지 않은 작업자에게 안전모 착용을 지시하고, 위험한 장소에 위치한 근무자에게 위험 지역임을 안내해 이동을 요청하는 등 사고를 방지하는 용으로도 사용할 수 있다.

정부는 산업계의 지능형 CCTV를 응용할 경우, 경쟁력을 높이기 위한 일환으로 지능형 CCTV 솔루션 성능시험 제도를 운영하고 있다. 이는 지능형 CCTV에 설치된 솔루션이 영상을 정확하게 탐지하는지 성능을 확인하여 성적서를 제공하는 제도이다. 배회, 침입, 유기, 쓰러짐, 싸움, 마케팅, 방화, 낙상, 실종자, 익수자 등 일반 분야 10개 항목과 스토킹 예방, 무인 매장안전, 드론 화재탐지, 무인 경비 로봇, 치매 노인 수색, 요양병원 안전 등 안전 분야 6개 항목에 대해서 시나리오 및 성능 기준에 따라 총 90% 이상 성능이 인정될 시 인증을 해주고 있다.

## 지능형 CCTV의 핵심은 시스템반도체다

1990년대에는 주로 아날로그 기반의 CCTV 시스템이 사용되었다. 과거에는 단순한 움직임 감지와 녹화 기능에 국한되었지만, 2000년대에 디지털 영상 처리 시스템(Digital Camera Processor, H.264 DVR 등)이 등장했다. 이후 HD(High Definition)급 해상도의 화질 개선과 함께 네트워크 연결과 클라우드 기술이 도입되어, 원격으로 영상을 접근하고 대용량 데이터를 관리할 수 있게 되면서 IP 카메라가 널리 보급되었고, 영상 데이터의 송수신이 가능해졌다.

2020년대에 들어서면서 머신러닝 기술이 활용되고 영상 신호 처리 시스템은 더욱 지능화되었다. 이는 객체 인식, 행동 분석, 실시간 반응 및 예측 기능을 가능하게 하여, 보안 및 감시 분야에서 혁신적인 변화를 일으켰다. 이 시기에 비로소 비전 AI가 비로소 구현되고 활용되었으며, 영상 분석 시스템은 더욱 정교하고 효율적인 보안 솔루션으로 발전하게 된다.

이를 구현하는 시스템반도체는 영상 신호 데이터를 실시간으로 처리하고 분석하는 역할을 하게 되며, 영상신호처리부 (Image Signal Processing, ISP), CPU, 통신용 코덱(H.264, JPEG CODEC 등) 및 NPU로 구성된다. 특히 AI를 활용하여 객체 인식, 얼굴 인식, 행동 분석 등을 수행하게 되어 보안 및 감시 효율을 높일 수 있다.

지능형 CCTV용 시스템반도체 시장은 해외 기업 중 중국 화웨이의 자회사 하이실리콘이 절대 강자이며, 미국의 암바렐라 (Ambarella), 대만의 미디어텍(MediaTek)과 노바텍(Novatek), 중국의 고케(Goke), 풀한(Fullhan), 록칩(Rockchip) 등이 시장을 장악하고 있다. 국내 기업 중에서는 팹리스인 아이닉스가 고군분투하고 있다. 아이닉스는 IP 카메라용 칩인 EN675를 삼성 28나노 공정으로 개발하여 2022년부터 세연테크, 웹게이트, 원우이엔지와 같은 국내 보안 시스템 기업에 공급하고 있다.

시스템반도체의 경쟁력은 칩은 물론이고 지원하는 소프트웨어, 개발 환경 등이 함께 발전되어야 한다. 아이닉스가 국산화하고 많은 시스템 기업이 활용하고 있는 사례는 매우 중요한 의미를 갖는다.

일반적으로 국산 칩을 꼭 개발해야 하는 이유는 크게 두 가지다. 첫째는 해외 칩을 사용할 경우, 문제가 생겼을 때 기술지원이 쉽지 않다는 애로사항이 있다. 둘째는 해외 기업이 독점하는 경우는 특정 회사에 종속 되어서 칩 구매력 협상이 어렵고, 기술도 종속될 뿐만 아니라, 소재·부품 공급망 위기 시 보안 산업이 큰 타격을 받을 수밖에 없다.

때문에 국내 팹리스가 해외의 뛰어난 기업들과의 경쟁에서 승리하려면 시스템 기업과의 긴밀한 협업을 통한 차별화로 맞서야 하며, 국내 대·중견 보안 제조사도 국산 칩 적용을 확대해야 한다. 또한, 정부는 국산화 칩 활용 시 인센티브를 제공하는 방안 등을 마련해야 한다.

지능형 CCTV용 시스템반도체는 온디바이스 AI의 대표적인 응용 칩이다. 이외에도 AIoT용으로 스마트홈, 스마트시티, 스마트팩토리 등 많은 분야에서 활용이 가능하다. 국내 팹리스가 집중할 수 있는 분야이니만큼, 꾸준한 노력으로 계속해서 좋은 성과를 내기를 응원한다.

# 참사 막는 재난 예방 체제,
# AIoT에 답이 있다

2022년 10월, 우리는 비극적인 이태원 참사를 겪었다. 안타까운 일이다. 핼러윈 파티 분위기를 즐기기 위해 이태원으로 수많은 인파가 급격히 모이면서 발생한 일이다. 그런데 기술적인 면에서 생각해 보면, 많은 인파가 모이는 행사에서는 다음과 같은 방법이 활용될 수 있다.

이동통신 3사의 기지국 기반 위치 신호 데이터로부터 유동 인구를 알아낼 수 있고, CCTV를 활용하면 특정 지역의 인구 밀집도를 파악할 수 있다. 그 지역에 설치돼 있는 CCTV를 통해 사람들이 얼마나 많이 모이는지 파악하여, 어느 정도 이상의 밀집도가 되면 위험을 알리는 방송이 자동으로 나오게 할 수 있을 것이다. 지하철역에서 현재 상황을 방송으로 알리고, 열차가 정차하지 않고 그대로 통과하게 할 수도 있다. 개인 스마트폰에 문자로 상황을 보낼 수도 있다. 이런 시스템을 활용하면 더 이상 많은 사람이 행사 장소로 이동하지 못하도록 막을 수 있다. 동시에 경찰·소방 인력을 배치하면 된다. 이 모든 것이 사람이 개입하지 않고 구축된 시스템에서 자동으로 가동될 수 있다는 말이다.

재난 안전을 위한 기술로는 IoT와 AI가 사용되는데, 두 가지가 통합된 AIoT(지능형 사물인터넷)가 더욱 효과적이다. 기존의 IoT는 연결된 디바이스에서 생성된 데이터를 클라우드로 보내 처리한 이후 다시 해당 디바이스나 연관된 데이터로 보내는 방식이라면, AIoT는 개별 디바이스나 데이터 저장장치에서도 AI가 개입해 데이터를 처리한다는 차이가 있다. 재난 관리에서 가장 중요한 것은 예방이다. 문제가 터진 다음 수습하는 것은 어리석은 일이다. 재난 피해를 막기 위한 대책 중 발생 요인을 사전에 제거하는 것이 가장 핵심이다.

# AIoT 기술로 산업 재해를 예방하다

산업 재해와 관련해서 '하인리히 법칙'이란 것이 있다. 대형 사고가 발생하기 전, 그와 관련된 수많은 경미한 사고와 징후들이 반드시 존재한다는 법칙이다. 좀 더 구체적으로 설명하자면, 한 번의 큰 재해가 발생하기 전에 동일한 원인으로 29번의 작은 재해가 일어났고, 잠재적으로 경미한 사건이 300번은 있었을 것이란 사실을 밝혀낸 게 하인리히 법칙이다. 다른 말로는 '1 대 29 대 300의 법칙'이라고도 부른다.

대형 재난이 발생하기 전 일어나는 29번, 300번의 작은 사건들을 AIoT 기술을 활용해서 사전에 알아낼 수는 없을까? 큰 재난의 전조현상인 작은 사고의 연속성을 사전에 분석함으로써 큰 재난을 예방할 수 있는데, 이는 센서를 통해서 확보된 빅데이터를 AI로 분석하면 파악이 가능한 일이다. 또한, AIoT 기술을 활용하면 화재, 붕괴, 폭발, 가스, 환경 오염 사고, 산사태 등 재난 재해 역시 예방할 수 있다.

재난 유형 중 AIoT 기술이 적용된 중요 분야 중 하나가 화재 예방 시스템이다. 각종 화재 감지 장치를 설치하고, AIoT 기술을 기반으로 화재를 감지해 관제실이나 소방서에 화재 정보를 알리는 방법이다. 이것은 그동안 많은 준비를 해왔고, 활용 단계에 와 있다.

화재 사고 발생 시, 대형 인명 피해 및 재산 피해가 발생할 수 있으므로 시설의 정상적 운영을 위한 소방 시설 점검이 필수적이다. 건물에 소방 시설을 갖추고 있더라도 효율적인 관리 역시 필요하다. 하지만 소방공무원 인원만으로는 관리에 한계가 있어 상시적인 실시간 소방 시설 관리에 어려움이 많았다. 잦은 오작동으로 아예 자동 화재 탐지 설비를 꺼두는 건물이 많고, 이에 실제 화재 시에 소방 시설이 전혀 작동하지 않아 인명 피해가 종종 발생했던 것도 사실이다. 대형 건물이나 취약 건물 등 주요 관리 대상 위주로만 관리 감독하게 되고, 점검 후에 다시 소방 시설을 꺼놓는 사례도 많다.

주택은 특정 소방대상물에 포함되지 않아 화재 시 인명 피해 발생률이 높다. 서울소방재난본부는 소방 시설에 IoT를 도입하여 소방공무원이 현장 점검을 하지 않더라도 상시적으로 소방 시설 유지 및 관리 상태를 확인할 수 있는 시스템을 2017년부터 시범사업으로 진행했다. 필자도 이 시기에 여러 전문가들과 함께 기술적인 측면에서 활용성을 검토한 적이 있으며, 이제는 시범단계를 지나 실제 적용단계에 와 있다. 또한 IoT

화재 예방 시스템을 포함한 '소방 시설 설치 및 관리에 관한 법률(소방 시설법 제12조)'도 마련됐고 시행을 앞두고 있다.

여기에 소방 관리시스템 표준 개발을 추진하여 제조사가 다르더라도 호환성을 고려해서 소방설비의 운용 및 관리에 어려움이 없도록 했다. 사업화까지 준비가 된 셈이다. 불꽃이나 연기, 온도 등 화재의 원인을 감지하는 센서는 몇 초 내 화재를 감지한다. AI가 이를 감지한 즉시 자동으로 119에 신고하고, 상점명과 정확한 점포 정보를 119 신고 서버로 전달하며, 점포 주 등에게 화재 사실을 문자메시지로 알려주게 된다.

석유화학 공장에서는 저장탱크 개방 검사나 반응기 내부 정비 등 밀폐 공간 작업이 매우 많다. 이런 밀폐 공간은 가연성 또는 유해가스가 남아 있고, 환기가 부족할 경우 언제라도 화재나 폭발, 질식 사고가 발생할 수 있다. AIoT를 활용하면 측정된 가스 농도가 설정값을 넘을 때 경보음과 함께 위기 내용이 감독자, 작업자 등에게 실시간 전파돼 안전사고를 예방할 수 있다. 센서는 시뮬레이션을 통해 예상된 가스 누출 경로, 폭발 시 파급력 등의 정보를 토대로 주요 위치에 설치된다. 밀폐 공간 내부의 가스 누출 전 징후(시설물 부식 등) 또는 가스 누출 징후(가스 농도 초과 등)를 센서로부터 측정값을 실시간으로 수집하고, 이를 무선통신과 작업장 유무선 통합 네트워크를 통해 관제센터로 전달하게 한다. 이후 관제센터는 위험을 판단하고 근로자들이 차고 있는 스마트워치 등을 통해 대피 명령을 내린다. 작업 현장의 위험을 재빨리 알리도록 하는 방법이다.

AIoT 기술은 도심지 지반 침하, 즉 싱크홀 예방에도 활용된다. CCTV 영상을 분석해서 하수관로 결함을 자동으로 식별해낼 수 있고, 소규모 건축공사장 사고도 예방할 수 있다. 공사 현장의 CCTV 영상을 AI가 실시간 분석해 위험 상황을 감지한 후 안전 관리자 및 작업자에게 즉시 알려주는 것이다.

터널, 도로변, 지하 등의 붕괴를 예방 및 모니터링하기 위해 센서를 부착하여 정보를 수집하고, 통신 기술을 적용해서 실시간으로 모니터링해 붕괴 징후를 예측할 수 있다. 침수 또는 홍수 피해가 예상되는 지역 및 건물도 실시간으로 모니터링하고 예방 조치를 할 수 있다.

서울시 교량 열 곳에 500대 이상의 CCTV를 설치하여 AI가 영상을 실시간 분석하는 기술을 자살 방지에 활용해 구조율이 100%가 될 정도로 큰 효과를 거두고 있다. 다리에서 가만히 서 있거나 서성거리는 움직임이 있는 등 투신이 의심되면, 통합관제센터에 통보하고 구조대를 급파하는 시스템이다.

또한 산불을 효과적으로 예방하고 대응할 수 있다. 소형 디바이스들과 이를 위한 경량 무선통신으로 구성하여 산림 재난 탐지 및 대응에 주요하게 활용될 수 있다. 온도, 습도 및 가스 등 다양한 센서를 장착해 산림 환경 정보를 수집하도록 구성한다. 이렇게 수집된 정보를 원거리로 전송하는 것이 필요하며, 이를 위해 저전력 장거리 통신인 LPWA(Low Power Wide Area) 기술이 주로 활용된다. 사람이 자주 다니는 곳에서 산불을 조기에 탐지하기 위해 배터리로 구동되는 디바이스를 등산로 주변에 설치하거나, 산림에서의 기상 정보를 수집하기 위해 태양광으로 구동되는 센서를 구축할 수 있다.

## 산학연이 참여한 재난 방지 대책이 필요하다

이태원 참사는 성수대교 붕괴 사고, 삼풍백화점 붕괴 사고, 대구 지하철 화재 참사, 세월호 참사에 이어 또다시 발생한 대규모 사회 재난이다. 정부가 방지 대책 마련에 나서겠지만 기업, 정부출연연구소, 협회, 대학 등 산학연이 함께 참여해야 한다. 'AIoT 활용 재난 재해 방지 위원회'와 같은 민관 합동기구를 설립해, 정책 수립과 기술 개발, 표준화, 법제화, 기업의 제품 사업화까지 모두 종합적으로 진행돼야 한다.

그동안 많은 연구가 있었지만, 실제로 적용하지 못한 것이 사실이다. 재난 상황이 발생했을 때 빠르게 수습하는 것도 중요하지만, 상황 발생 전 징조를 해석하고 재해를 예방하는 것이 훨씬 더 중요하다. 이와 관련한 기술이 없는 것이 아니니, 이제는 시범 서비스에서 나아가 체계적으로 빠르게 확대 적용해야 한다.

AIoT 기술은 대상의 사물들을 지능화함으로써, 인간의 개입 없이 사물이 스스로 인간을 위한 더 좋은 서비스를 할 수 있도록 만들 수 있다. 한마디로 센싱 데이터 기반의 지능형 서비스가 구축되면, 사람의 개입을 최소화하고 사물이 스스로 선제적 예측을 하여 피해를 최소화하는 사회 재난 재해 안전망 시스템을 구축할 수 있다. 이태원 참사가 비극에 그치지 않고, 국가와 개인 차원 모두에서 재난을 예방하고 안전한 시스템을 구축하는 계기가 되길 기대한다.

# 애플,
# 공간 컴퓨팅 세상을 꿈꾸다

스마트폰 다음의 컴퓨터는 어떤 형태일까? 많은 이들이 머리에 쓰는 형태(Head Mount Display)일 것으로 예측해 왔다. 이와 같은 차세대 컴퓨팅 하드웨어 디바이스를 가장 열심히 개발하고 보급해 온 기업은 단연 메타다.

여기에 애플이 도전장을 냈다. 팀 쿡 애플 CEO는 2023년 6월에 열린 세계개발자회의(WWDC)에서 확장현실(XR) 디바이스인 '비전 프로'를 공개했다. 이 제품은 실내에서 영상 통화를 하면 상대 모습이 눈앞에 실물 크기로 보이고, 공간 음향이 적용돼 앞에서 음성이 들리는 듯한 경험을 제공한다. 영상 화면을

30미터 크기로 키울 수도 있어 어떤 공간에서라도 영화관 같은 분위기를 느낄 수 있다. 외장 배터리를 사용하면 최대 2시간 정도 사용할 수 있다.

애플은 다른 회사가 만들어 놓은 시장에 후발 주자로 뛰어드는 경향이 있다. 아이팟, 아이폰이 그랬고, 애플워치도 삼성전자의 갤럭시기어가 나온 후 1년 후에나 출시했다. 애플의 전략은 '다르게 생각하라(Think different)'인데, 기존 제품과 '다름'을 찾고 차별화를 내건 새로운 제품으로 시장을 장악해 왔다.

비전 프로는 개발을 위해 7년여간 1,000명의 개발 인력이 투입됐을 정도로 애플이 심혈을 기울인 제품이다. 그렇다면 애플의 비전 프로는 무엇에서 '다름'을 찾았을까? 비전 프로는 그동안 출시된 XR 디바이스들과는 사뭇 달랐다. 메타의 퀘스트 같은 제품처럼 게임이나 메타버스를 위한 기기가 아니고, '차세대 컴퓨터'라는 점에서 차별화 포인트를 만들었다. 애플은 3D 게임을 강조하지도 않았고, 곧바로 '공간 컴퓨팅(spatial computing)'이라는 용어를 사용했다.

공간 컴퓨팅은 '기계가 실제 개체와 공간의 지시 대상을 유지하고 조작하기 위한 기계와 인간의 상호 작용'이라고 정의된다. 즉, 비전 프로를 통해 사용자 주변의 공간이 컴퓨터를 활용할 수 있는 공간으로 바뀌며, 이렇게 바뀐 환경을 제어하고 사용자가 최고의 경험을 할 수 있도록 차세대 컴퓨팅 디바이스로서 비전 프로를 차별화했다고 보면 된다.

비전 프로는 혼합현실(Mixed Reality, MR) 기술을 사용했다. 증강현실(AR)과 가상현실(VR)의 단점을 보완한 기술이다. AR의 현실 기반성에 VR의 높은 몰입력을 제공하는 'AR 업그레이드 버전'이라고 하는 게 제일 가깝다. MR, AR, VR 세 가지 기술에 공통적으로 들어가는 R은 현실(Reality)이란 뜻이다. VR은 가상의 세계다. 반면 AR은 현실에 덧붙인 가상이라 할 수 있다. 유명했던 포켓몬 게임에도 이 AR 기술이 사용됐다. 비전 프로는 카메라 12개가 탑재돼 있어, 사용자 주위 환경을 실시간으로 촬영한다. 이를 통해 실제 세계에 기반한 AR이나 MR을 경험할 수 있다.

## 실리콘 웨이퍼 위에 만드는
## 마이크로 OLED

비전 프로에 적용된 부품 중 마이크로 OLED(유기발광다이오드)는 생산 원가의 45% 수준을 차지할 정도로 매우 비싼 핵심 부품이다. 대각선 길이 3.3센티미터(1인치) 안팎 크기인 마이크로 OLED엔 3,000개 이상의 화소(픽셀)가 들어갔다. 이 때문에 고화질로 30미터 폭의 화면을 보는 듯한 몰입감을 느낄 수 있다.

마이크로 OLED는 초소형·고화질 디스플레이로, 마치 반도체처럼 실리콘 웨이퍼 위에 만드는 게 특징이다. 기존 OLED와 달리 실리콘 웨이퍼 위에 유기물을 증착해 만드는 것이다. 때문에 미세공정 경쟁력을 갖춘 반도체 기업과 디스플레이 업체 간 제품 개발을 위한 협업이 매우 중요하다.

애플은 일본 소니의 디스플레이 제품을 사용하고 있으며, 대만 TSMC와 협업을 통해 마이크로 OLED를 개발했다. 맥 컴퓨터가 마우스, 아이팟은 클릭 휠, 아이폰은 멀티 터치 등을 활용해 사용자가 기기를 제어했다면, 비전 프로는 사용자 눈과 손, 목소리로 기기를 제어한다. 제품 안팎에 카메라와 센서가 눈동자와 손 움직임을 추적하고, 마이크와 음성인식 AI인 '시리'를 통해 목소리로 명령할 수 있다.

비전 프로에는 동작과 공간 등을 인식하기 위해 다수의 카메라와 센서가 들어갔는데, 이 중 비행시간 측정(ToF) 모듈은

LG이노텍의 제품이 사용된다. ToF는 피사체에 광원을 쏜 후 되돌아오는 시간이나 변형 정도를 측정해서 거리, 입체감 등을 파악하는 부품이다. 두 개의 디스플레이 외에 M2 칩(PC용 CPU)과 R1 칩, 12개의 카메라, 5개의 인식 센서, 6개의 마이크 등 다양한 장치와 함께 새로운 비전 OS를 탑재하고 있다. M2에 들어가는 반도체 패키징 기판(FC-BGA)은 삼성전기가 담당했고, 그 외 카메라 관련 부품은 대부분 중국 회사에서 공급했다.

특히 R1은 애플이 자체 개발해서 사용하고 있는 핵심 시스템반도체다. R1은 카메라와 센서에서의 아날로그 신호들을 받아서 디지털로 처리해 눈동자와 손동작을 인식할 수 있게 했다. R1은 눈 깜빡임보다 8배 빠른 초당 12미터 이내에 새 이미지를 스트리밍할 수 있어 동작 사이 지연을 최소화한다. 또한 적외선 투광기 등 다양한 센서가 입력 반응을 감지한다. 이를 통해 눈, 손, 목소리 정보가 입력된다. 시선을 추적하고 손가락 움직임과 음성 명령을 인식해 시스템 및 애플리케이션을 조정할 수 있는 것이다.

또 하나 주목할 만한 것은 '비전 OS'라는 공간 컴퓨팅용 전용 운영체제를 만든 것이다. 기존 MR 기기나 AR 기기 같은 경우에는 스마트폰을 연결해서 쓰거나 안드로이드 OS 변형 버전을 사용하지만, 애플은 비전 프로에 맞는 OS를 별도로 개발했다.

비전 프로는 공간 음향 기술로써 오디오 광선추적(Audio ray-tracing)을 사용한다는 점도 주목받고 있다. 오디오 광선추적은 GPU에서 사용되는 광선추적 기술을 오디오에 적용해 현실적인 공간감을 부여하는 초실감 3D 오디오 기술이다. 비전 프로의 공간 오디오는 장착된 센서를 통해 주변 환경(공간과 재질)을 인식한 후에 오디오 추적을 수행한다. 현재 비전 프로에서는 소프트웨어로 처리된 것으로 추정되며, 향후 칩 형태로도 구현이 예상된다.


## XR 시장을 키우고, AI와 접목하려는 애플의 계획

애플의 참여로 XR 시장 경쟁이 한층 치열해질 전망이다. 구글은 2013년, AR을 지원하는 '구글 글래스'를 개발했으나 현재는 프로젝트가 중단된 상태다. 마이크로소프트는 2015년에 자체 MR 헤드셋 '홀로렌즈', 2019년에 '홀로렌즈2'를 출시했다. 홀로렌즈는 게임 외에도 의료 현장, 건설업과 제조업 등 각종 산업 현장, 새로운 B2B 분야 등에 활용되고 있다. 메타는 2014년 오큘러스를 인수한 뒤, 2020년 '오큘러스 퀘스트2', 2021년 '메타 퀘스트 프로' 등 VR 헤드셋 퀘스트 시리즈를 지속해서 출시하는 중이다.

이런 상황에서 애플이 출사표를 던졌다. 2024년 출시한 비전 프로는 해상도나 몰입감 등 기술적 완성도, 현실과 가상 세계를 연결하는 기능적 완결성 등이 오큘러스 퀘스트2보다 우수하다는 평가를 받고 있다.

애플의 비전 프로는 XR 기기 시장을 키울 것이다. 애플은 2007년 아이폰을 출시하며 스마트폰의 대중화를 이끌었다. 비전 프로 역시 XR 시장을 키우고, 궁극적으로는 공간 컴퓨팅 시대를 열 것이다. 애플은 어디서든 공간에 구애받지 않고 3차원으로 일상생활, 업무, 엔터테인먼트 등을 모두 즐길 수 있는 세상을 그리고 있는데, 이를 위해서 XR과 AI의 본격적 접목을 시도하고 있다. 맥, 아이폰, 아이패드 등에만 적용했던 개인 AI인 '애플 인텔리전스'를 2025년부터 비전 프로 헤드셋에도 적용할 것으로 계획하고 있다. 또한 알림 우선순위 설정, 글쓰기 도구, 오픈AI 챗봇, 새로운 시리 등이 고려 중이다.

향후 전 세계 XR 시장에서 삼성전자-구글, 메타, 애플의 삼파전 구도가 예상된다. LG전자는 메타와 XR 사업 협력을 보류했지만, 삼성전자는 구글과 협업해 추진하고 있다.

# 피지컬 AI, 온디바이스 AI
# 반도체에 집중하자

글로벌 AI 반도체 전쟁에서 우리나라는 어떤 방향으로 노력해야 할지가 고민이 된다. 필자는 1983년 삼성전자 연구소에 입사했다. 이때만 해도 아날로그 기술이 핵심이었고, 디지털 기술이 신기술로 불리면서 태동하고 있었다. 디지털 대전환 시기였다. 당시 주문형 반도체인 시스템반도체를 설계하는 일을 맡았다. 우리나라가 지금의 IT 강국이 될 수 있었던 것은 바로 반도체 때문이었다. 당시 TV, VTR, 오디오 등 아날로그 기술이 주류였지만, 제품 차별화를 위해 디지털 기술을 도입했고, 그 핵심이 시스템반도체 자체 개발이었다. 예를 들어, 1996년 삼성은 자체 설계한 주문형 반도체(ASIC)를 명품 플러스-1 TV에 적용해 화질을 개선했다. 이후 삼성과 LG는 디지털 TV 시대에 진입하면서, 시스템반도체의 자체 개발을 통해 소니 등 글로벌 경쟁사를 이길 수 있었다.

지금은 AI 대전환 시대다. 1980년대 초부터 정부와 기업이 추진했던 디지털 전환 시대의 성공 방법을 활용하자. 오늘날 전자·전기제품은 모두 디지털 기술 기반이다. 과거 아날로그 TV에 디지털 기술이 차별화의 방법이었고, 시스템반도체를 수단으로 활용했던 것처럼 자동차, 로봇, 공장, 국방 등 산업 분야에서 AI 반도체를 적용하고 확산해야 한다. 우리가 강한 제조업에 AI를 적용하는 것이다.

엔비디아의 젠슨 황은 'CES 2025' 기조연설에서, AI는 텍스트와 이미지를 생성하는 것을 넘어서는 현실 세계를 이해하고, 상호작용하며, 물리적인 일을 수행하는 '피지컬 AI'의 시대로 접어들고 있다고 선언했다. 2025년 그가 언급했던 피지컬 AI는 이번 'CES 2026'에서 개념이 아닌 현실로 구현되었다. 'CES 2026'은 피지컬 AI 시대의 본격 개막을 알린 자리였다.

가장 활발한 분야는 로봇이다. 'CES 2026'에서 가장 강한 존재감을 드러낸 휴머노이드 로봇은 현대자동차그룹의 '아틀라스'였고, 아틀라스의 두뇌 역할을 하는 것이 바로 온디바이스 AI 반도체다. 자율주행차 역시 피지컬 AI의 대표적인 응용 분야다. 차량 주변의 데이터를 실시간으로 분석해 사람이나 장애물, 기상 여건 등을 인식하고, 스스로 차선을 변경하거나 속도도 조절한다. 제조 효율을 높이기 위한 스마트팩토리에서도 활용이 늘고 있다.

피지컬 AI와 온디바이스 AI를 혼용해서 사용하는 경우가 많은데, 엄연히 다르다. 피지컬 AI는 응용형 중 일부분이고, 온디바이스 AI는 이를 구현하기 위한 방식이다. 로봇이나 자율주행 시스템에서 판단과 제어를 클라우드에 맡길 경우는 지연이나 통신 장애로 치명적인 사고가 발생할 수 있다. 때문에 피지컬 AI는 현실적으로 온디바이스 AI 방식으로 구현될 수밖에 없지만, 그렇다고 모든 온디바이스 AI가 피지컬 AI인 것은 아니다. 예를 들어 스마트폰의 사진 보정이나 음성인식은 온디바이스 AI이지만, 물리적 행동을 동반하지 않으므로 피지컬 AI는 아니다.

온디바이스 AI 반도체는 많은 곳에서 사용된다. 제조업에서 활용할 때, 두 가지 측면에서 강점을 보인다. 첫째, 기존 제품에 AI 칩이 들어가면서 제품 차별화를 할 수 있다. 가령 스마트폰 화질 개선, 음성인식, 번역·통역 서비스 등 이미 다양한 효과를 보고 있다. 스마트TV, 노트북, 로봇 청소기, 세탁기, 에

어컨 등 가전제품도 마찬가지이다. 또한 자율주행 자동차, 로봇, 방산에도 광범위하게 적용될 수 있다.

둘째는 AI 제조를 통한 생산성 향상이다. 스마트팩토리의 AI 활용은 제조업 생산성 향상으로 이어진다. 공장 내 기계 설비의 고장 시기를 예측해 사전 예방 정비를 최적화하거나, 반도체 제조 공정에서 불량률을 낮추고 생산수율을 높이는 데 큰 도움이 된다.

그런데 이를 수행하는 제조 기업에 두 가지 선택지가 있다. 외부에서 칩을 사다 쓰는 방법과 국산 칩을 개발해서 사용하는 방법이다. 제품을 만드는 수요기업 입장에서는 성능과 기능이 가장 좋은 칩을 외부에서 구매해 제품을 완성하고 이익을 내면 된다. 굳이 국산 칩을 사용할 이유는 없다. 국산 칩은 추가적인 검증 시간이 필요하고, 혹시 모를 불량도 수요기업 입장에서는 걱정거리다.

하지만, 여기에는 함정이 있다. 외부 칩에 지나치게 의존할 경우, 공급망과 가격 등 모든 영역에서 종속될 위험이 있다. 그래서 애플, 삼성, 테슬라 같은 기업은 맞춤형 자체 칩을 만들어 사용한다. 차별화된 기능과 성능을 칩에 담아야 경쟁 제품을 이길 수 있기 때문이다.

결국 수요기업 입장에서는 외부 칩과 국산 칩 두 가지 선택지를 어떻게 조화롭게 활용할지가 중요하다. 이를 결정하는 것은 최고경영자의 전략적 결단이다. 외부 칩에 의존하더라도 국산 칩 탑재를 적극 고려하고 독려해야 한다. 최고의 기업으로 도약하려면 국산 칩을 확보해야 한다는 CEO의 의지가 필요하다.

외부 칩을 사용하면서 국산 칩 개발을 동시 추진해야 한다. 국산 칩을 사용하면서 부족한 부분을 피드백해 주어야 더 경쟁력 있는 칩이 만들어진다. 수요기업은 팹리스를 마치 자회사처럼 여기고 칩 경쟁력을 키울 수 있도록 지원해야 한다. 그렇게 되면 외부 칩과 국산 칩이 바람직한 경쟁 구조를 이루는 '지렛대' 역할을 하게 된다.

국내 데이터센터용 AI 반도체 기업으로는 퓨리오사AI와 리벨리온이 있다. 이제 엔비디아 의존도를 줄여야 한다. 엔비디아 GPU는 주로 학습 용도로 활용하고, 추론 단계에서 국내 팹리스의 AI 반도체 활용을 적극 검토해야 한다.

여기에 정부의 역할이 매우 중요하다. 국산 칩을 사용하는 제조 기업에는 파격적인 인센티브를 제공해야 한다. 국산 반도체 사용을 장려하는 정책이 필요하다. 중국은 이미 공공 데이터센터용 컴퓨팅 칩의 절반 이상을 화웨이나 캠브리콘 등 자국 기업 제품으로 의무화하며 강력한 수요를 창출하고 있다. 우리나라 역시 국산 칩을 사용하는 기업에 대해 파격적인 세제 혜택과 규제 특례를 제공하는 정책이 필요하다.

현재 우리나라는 세계 6위의 제조업 강국이다. 제조업이라는 강점과 AI 반도체를 활용할 시장을 모두 갖추고 있다. 한국은 조선·자동차·소재·부품 등 제조업 기반이 탄탄해 피지컬 AI가 학습하고 적용할 산업 현장이 많다는 점이 강점이다. 즉, 칩의 실증환경을 가지고 있다.

AI 시대의 새로운 시작은 우리에게 큰 기회다. 국내 제조 기업은 4~5년을 내다보는 칩 기획 역량을 갖춰야 하며, 칩 설계뿐 아니라 AI 모델 최적화와 소프트웨어(SW) 개발도 매우 중요하다. 대학은 AI 인재를 육성하고 정부는 AI 팹리스, 파운데이션 AI 모델 기업, SW 기업을 적극 지원해 개발 생태계를 조성해야 한다.

우리나라의 AI 반도체의 방향은 명확하다. '제품 차별화'와 '제조 생산성'이라는 두 가지 목표를 가지고 국산 온디바이스 AI 반도체를 선점해야 할 때다. 이제 국내 제조업을 이끄는 온디바이스 AI 반도체에 집중하자.

이 시리즈는 해동과학문화재단의 지원을 받아
NAEK 한국공학한림원과 시크릿하우스가 발간합니다.

**격화되고 있는 AI 컴퓨팅 파워 경쟁**

# AI 반도체 전쟁

| 개정증보판 |

초판 1쇄 발행 | 2024년 9월 25일
개정증보판 1쇄 발행 | 2026년 3월 26일

| 지은이 | 김용석 |
| 펴낸이 | 전준석 |
| 펴낸곳 | 시크릿하우스 |
| 주소 | 서울시 마포구 월드컵북로 400 서울경제진흥원 5층 23호 |
| 대표전화 | 02-3153-1355 |
| 팩스 | 02-3153-1356 |
| 이메일 | secret@jstone.biz |
| 블로그 | blog.naver.com/jstone2018 |
| 페이스북 | @secrethouse2018 |
| 인스타그램 | @secrethouse_book |
| 출판등록 | 2018년 10월 1일 제2019-000001호 |

ⓒ 김용석, 2024

ISBN 979-11-94522-36-2  03320

AI
CHIP
WAR

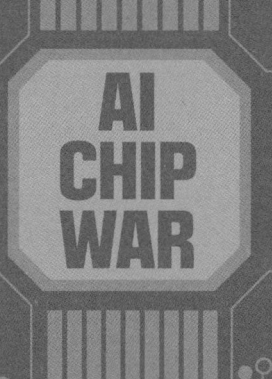